AF829721

Festschrift

für den

XXVI. Deutschen Juristentag

in Beiträgen von

H. Dernburg, Frz. v. Liszt, R. Schroeder,
H. Staub.

Berlin 1902.
J. Guttentag, Verlagsbuchhandlung,
G. m. b. H.

Inhaltsverzeichniß.

Wiederverheirathung
im Falle der
Todeserklärung eines Gatten.

Von

Dr. Heinrich Dernburg,
Geh. Justizrath, ord. Professor an der Universität Berlin.

Unter den Pathen des Bürgerlichen Gesetzbuchs nimmt der deutsche Juristentag nicht die letzte Stelle ein. Ehe das deutsche Reich gegründet war, bildete er sich unter dem Programm, die deutsche Rechtseinheit zu fördern. Allezeit ist er diesem Programm treu geblieben. Seine Berathungen erstreckten sich auf viele Fragen, über welche das Gesetzbuch zu entscheiden hatte; ihre Lösung wurde durch seine Beschlüsse vorbereitet. Mit Recht sah man in diesen Beschlüssen für die Regel Aeußerungen des Gesammtbewußtseins des deutschen Juristenstandes. In denselben kam zum Ausdruck, was der großen Zahl der im praktischen Leben stehenden Juristen, die sich hier aus Nord und Süd, aus West und Ost zusammenfanden, als wünschenswerth und nothwendig erschien. An der Mitwirkung ausgezeichneter Theoretiker hat es dem Juristentag hierbei nie gefehlt.

Jetzt vereinigt sich der deutsche Juristentag an der Geburtsstätte des deutschen bürgerlichen Gesetzbuchs, in der deutschen Reichshauptstadt, nachdem dasselbe über zwei und ein halbes Jahr in Kraft und in Wirkung gestanden hat. Hier will er sich vergegenwärtigen, was durch das Gesetz errungen ist, was dem deutschen Juristenstand in der neuen Epoche des bürgerlichen Rechtes hinsichtlich desselben obliegt. —

Dringend aufgefordert, einige begrüßende Worte niederzuschreiben, will ich, wie dies auch der eigenen Empfindung entspricht, mich solchem Ersuchen nicht entziehen, mit der Begrüßung dem Brauch gemäß eine Abhandlung verbindend.

Ich wählte eine Frage, welche eine große praktische Bedeutung nicht in Anspruch nimmt, die aber ein hohes ethisches Interesse hat, auch eines weiteren Hintergrundes nicht entbehrt. Ich will untersuchen, unter welchen Voraussetzungen die Wiederverheirathung des zurückgebliebenen Ehegatten dessen frühere Ehe nach B.G.B. löst, wenn der andere Theil verschollen und für todt erklärt ist.

I. Die Wiederverheirathung des zurückgebliebenen Ehegatten im Fall der Todeserklärung seines verschollenen Gatten kann einen tragischen Konflikt hervorrufen. Ihn hat die Dichtkunst mehrfach in rührender Weise behandelt. In Tennysons „Enoch Arden" kehrt der unglückliche Seemann, der nach dem Untergang seines Schiffs verschollen, für todt erklärt ist, nach Jahren seit seiner Abreise zurück, und findet die Gattin in neuer Ehe mit dem gemeinschaftlichen Spielgenossen der Jugend. Soll er, der gebrochene Mann, das neue Glück zerstören?

Jederzeit kann sich denkbarerweise eine derartige Tragödie ereignen. Nach den heutigen Verhältnissen wird sich ein solcher Fall aber kaum je erneuern können. Die Robinson Crusoes sind ausgestorben. Die Verbindungen, welche heutzutage sich in die fernsten Winkel der Erde erstrecken, lassen es fast ausgeschlossen erscheinen, daß jemand, wenn auch noch so weit verschlagen, nicht einmal im Stande ist, viele Jahre lang eine Nachricht nach der Heimath zu seiner geliebten Gattin gelangen zu lassen, wenn er solche Nachricht von sich geben will. Dagegen ist der Fall nicht ganz selten (er wird im Laufe der Jahre vielleicht noch häufiger werden), daß jemand, welchem der Boden unter seinen Füßen in der Heimath zu heiß wird, in fremden Landen untertaucht, etwa unter neuem Namen eine neue Existenz gründet, absichtlich nichts mehr von sich hören läßt, vielleicht gerade um deswillen, um sich seiner Pflichten gegen den zurückbleibenden Gatten, oder auch gegen seine Kinder frevelhafterweise zu entledigen. Wenn Fälle vorkommen, in welchen sich später ergiebt, daß ein für todt erklärter Verschollener in Wirklichkeit lebt; wenn er zurückkehrt, etwa um eine unerwartet anfallende Erbschaft in der Heimath in Anspruch zu nehmen, so wird die Sachlage solcher Gestalt sein. Die Gesetzgebung, welche das Verhältniß im Fall der Rückkehr eines als todt Erklärten zu regeln hat, wird von solcher thatsächlichen Lage auszugehen haben. —

II. Das kanonische Recht, an dem Grundsatz der Unauflöslichkeit der Ehe festhaltend, gestattete dem Zurückgebliebenen die Wiederverheirathung nicht, auch wenn sein verschollener Gatte gerichtlich für todt erklärt war. Es war dies der Ausfluß eines großen idealen Prinzips, welches folgerecht durchgeführt wurde, mochte es auch im einzelnen Falle Härten mit sich führen. Neuere Gesetzgebungen gestatteten dagegen die Wiederverheirathung des zurückgebliebenen Ehegatten im Fall der Todeserklärung des verschollenen Gatten. Bei ihnen siegte die Zweckmäßigkeit über das Prinzip. Die Rücksicht auf das Wohl des Zurückgebliebenen — meistens der Zurückgebliebenen —, wurde maßgebend. Folgerecht führte dies die preußische Gesetzgebung durch. Die frühere Ehe war nach A.L.R. endgültig gelöst, wenn sich der zurückgebliebene Ehegatte nach der Todeserklärung des verschollenen Gatten wieder verheirathete.

Beide Systeme, das kanonische und das preußische, schufen einfache klare Verhältnisse. Es fehlte jedoch nicht an Gesetzgebungen, welche einen vermittelnden Standpunkt einnahmen. Auf die älteren, hierher gehörenden Gesetzgebungen einzugehen, ist derzeit wohl überflüssig. Wichtig aber ist es, daß die neue deutsche Gesetzgebung in den §§ 1348 ff. auf einen solchen Standpunkt steht. Sie haben wir näher in das Auge zu fassen.

III. Die herrschende Auffassung der bezüglichen Paragraphen ist folgende:

Der zurückgebliebene Ehegatte kann eine neue Ehe eingehen, wenn sein Ehegatte für todt erklärt ist. Durch diese Eheschließung wird seine frühere Ehe aufgelöst, es sei denn, daß beide Ehegatten bei der Eheschließung wußten, daß der Verschollene die Todeserklärung überlebte. Voraussetzung soll weiter sein, daß die neue Ehe materiell und formell gültig eingegangen ist. Denn nur eine solche Ehe habe Rechtsbedeutung, nur sie sei der Art schutzwürdig, daß um ihretwillen die frühere Ehe kraft Rechtsvorschrift aufgehoben werden müsse.

So Endemann, B.R. Bd. 2, § 164, Anm. 13. Vgl. ferner Cosack, B.R. Bd. 2, § 301, die Kommentare von Planck, Bd. 4 S. 74, Staudinger, Bd. 4 S. 67, Arthur Schmidt, S. 141, Hugo Neumann, Bd. 2 S. 740 und anderen. Aber entgegengesetzter Ansicht ist Rehbein, Erläuterungen zum B.G.B. 1899 auf S. 11.

So lange der für todt Erklärte noch lebe, dürfe, erläutert man weiter, jeder Ehegatte der neuen Ehe diese anfechten, und zwar innerhalb der Frist von 6 Monaten nach der Kenntniß vom Leben des Verschollenen; durch die Anfechtung werde die neue Ehe von Anfang an nichtig; daher sei, schließt man, auch die frühere Ehe nicht aufgehoben. Das Urtheil, durch welche die Anfechtung der neuen Ehe anerkannt werde, stelle zugleich fest, daß die alte Ehe fortbestanden habe, oder, wie Planck meint, daß sie wieder auflebe. Ausdrücklich freilich geschieht dies nicht. Man nimmt offenbar an, daß es stillschweigend geschehe! Auch der für todt Erklärte sei hieran schlechthin gebunden, sogar die von ihm nach erlangter Kenntniß von der Wiederverheirathung seines bisherigen Ehegatten eingegangene Ehe werde hierdurch betroffen; sie sei durch Nichtigkeitsklage aufzuheben.

Dies entspricht zwar der herrschenden Auslegung des Gesetzes. Doch findet Endemann, welcher diese Auffassung gleichfalls theilt: „Der ganzen zunächst mit Nachdruck eingeführten Verstärkung der Wirkung der Todeserklärung, werde hier wieder der Boden entzogen; das Gesetz gerathe in völliges Schwanken und befriedige nach keiner Richtung hin."

Wenn auch die herrschende Ansicht mit Sicherheit vorgetragen wird, wenn die Rechtslehrer auch bezüglich derselben nahezu einstimmig sind, so müssen wir dieselbe doch für unrichtig halten. Wir behaupten namentlich:

1. Es ist nicht richtig, daß es Voraussetzung der Auflösung der alten Ehe sei, daß die neue Ehe eine vollgültige war; die Auflösung der alten Ehe tritt vielmehr ein, falls die neue Ehe existent wird — matrimonium existens —, sie werde denn von beiden bösgläubig geschlossen. Die alte Ehe ist, hiervon abgesehen, aufgelöst, auch wenn die neue Ehe nichtig oder anfechtbar ist, und angefochten wird!

2. Wir behaupten weiter, daß die Anfechtung der neuen Ehe nach § 1350 durch einen der Ehegatten

dieser Ehe, auch wenn sie erfolgreich ist, nicht dahin führt, daß die alte Ehe wieder auflebt, wie Planck sagt, oder daß sie als niemals beendigt angesehen wird, wie die Andern vermeinen. Die frühere Ehe bleibt vielmehr aufgelöst, wenn auch die neue Ehe von einem der Ehegatten gemäß § 1350 angefochten wird.

IV. Um unsere Auffassung klarzustellen und zu erweisen, bedarf es zunächst eines Gangs durch die Materialien der Gesetzgebung.

Der erste Entwurf erklärte § 1464 in Abs. 1, daß mit der Schließung der neuen Ehe die zwischen dem für todt Erklärten und dem andern Ehegatten bestehende Ehe aufgelöst sei, im Abs. 2, daß die Auflösung der früheren Ehe in Kraft bleibe, auch wenn die Todeserklärung nach Schließung der neuen Ehe aufgehoben werde, oder die neue Ehe anfechtbar sei und angefochten werde; im 3. Absatz jedoch, daß die Vorschrift des 1. Absatzes keine Anwendung finde, wenn der Ehegatte, welcher die neue Ehe schließe, bei der Eheschließung wisse, daß zu dieser Zeit der für todt erklärte Ehegatte noch lebe, oder wenn die neue Ehe aus einem andern Grunde nichtig sei.

Die hier für den Fall bestimmte Ausnahme, wenn die neue Ehe aus einem andern Grunde nichtig sei, folge, besagen die Motive, aus dem Begriff der Nichtigkeit nach §§ 108, 1252. Es sei schon hier bemerkt, daß die §§ 108, 1252 von der zweiten Kommission gestrichen und dem B.G.B. fremd sind. Die Konsequenz, fahren die Motive fort, würde es an sich mit sich bringen, eine Ausnahme von der Regel des Abs. 1 auch für den Fall anzuerkennen, wenn die Ehe anfechtbar ist und angefochten wird, da die letztere in einem solchen Fall als nicht geschlossen anzusehen sei, § 1260 Abs. 2. Auch hierzu ist schon jetzt zu bemerken, daß der an die Stelle des § 1260 Abs. 2 getretene § 1343 Abs. 1, Satz 1 B.G.B. einen sehr verschiedenen Wortlaut und Inhalt hat. Indessen, schließen die Motive, führe es zu Unzuträglichkeiten, wenn von dem Willen des Anfechtungsberechtigten, sei es des wiederverheiratheten Ehegatten, sei es des andern Theils der neuen Ehe, nicht nur der Bestand dieser Ehe, sondern auch der Fortbestand der früheren Ehe des für todt erklärten Ehegatten abhänge, und durch die erfolgreiche Anfechtung eine vielleicht von dem Letzteren im Vertrauen auf seine Freiheit eingegangene Ehe vernichtet werden würde.

V. Der erste Entwurf hatte im Bezug auf § 1464 das Schicksal, welches Vermittlungsvorschriften so häufig trifft; er befriedigte fast Niemanden, fand vielmehr vielseitigen und entschiedenen Widerspruch. Die zweite Kommission beharrte in ihrem den § 1464 ff. ersetzenden § 1482 ff. zwar im Wesentlichen auf dem System des ersten Entwurfs, aber sie änderte ihn bezüglich einer Hauptfrage. Sie bestimmte in ihrem § 1482 Abs. 1, daß die Ehe auch dann aufgelöst bleibe, wenn die neue Ehe nach dem § 1239 bis § 1243 anfechtbar sei und angefochten werde, also jetzt nach § 1331 bis § 1335 B.G.B., vgl. Prot. Spahn Bd. 4 S. 452. Im Fall der Anfechtung der neuen Ehe wegen der Rückkehr des als todt Erklärten sollte aber die erste Ehe nicht als aufgelöst gelten. Die Kommission kam auf die Materie schließlich noch einmal zurück, vgl. Prot. Spahn Bd. 6 S. 392, was aber bloß redaktionelle Bedeutung hatte. Ferner lag zu § 1483 der Antrag vor, als Abs. 3 folgende Vorschrift anzunehmen:

„Durch die Anfechtung der neuen Ehe wird die Gültigkeit einer neuen Ehe, welche der für todt erklärte Ehegatte nach Auflösung der früheren Ehe geschlossen hat, nicht berührt." Dem Antrag war die Bemerkung beigefügt: „Die Anfechtung nach § 1483 habe abweichend von der Anfechtung der §§ 1239 bis 1243 die Wirkung, daß die frühere Ehe als nicht aufgelöst gelte. Diese Wirkung der Anfechtung dürfe aber nicht eine von dem für todt erklärten Ehegatten nach der Auflösung der früheren Ehe geschlossenen neuen Ehe hinterher zu einer nichtigen Doppelehe machen. Die Mehrheit lehnte den Antrag ab, sie hielt es nicht für angezeigt, mit Rücksicht auf einem praktisch seltenen Fall eine Sonderbestimmung aufzustellen, durch die ein an sich den Zwecken der Anfechtung widersprechendes Ergebniß herbeigeführt werden würde. Vgl. Prot. Spahn Bd. 6 S. 295.

VI. Von den bisherigen Entwürfen wich die Vorlage des Bundesraths an den Reichstag wesentlich ab.

Während der zweite Entwurf sehr eingehende und kasuistische Bestimmungen über die Frage enthielt, ob und in wie weit die alte Ehe aufgelöst ist, wenn die neue Ehe nichtig ist, anfechtbar ist und angefochten wird, enthält die Vorlage an den Reichstag über diese Frage nichts. Die bezüglichen Bestimmungen der früheren Entwürfe sind gestrichen.

Ebensowenig enthält schließlich das B.G.B. § 1348 ff. irgend etwas über jene Frage.

Weshalb in der Vorlage an den Reichstag eine Bestimmung darüber gestrichen ist, daß die alte Ehe bestehen bleibt, wenn die neue Ehe nichtig oder anfechtbar ist, läßt sich nicht feststellen. Vielleicht hielt man bei der endgültigen Feststellung der Vorlage eine solche Bestimmung für überflüssig. In der Denkschrift findet sich eine Bemerkung bezüglich des Unterhaltsanspruch „daß in Folge der Anfechtung die frühere Ehe und mit ihr der Anspruch auf Unterhalt gegen den für todt erklärten Ehegatten wieder auflebt". Die Aeußerung ist jedenfalls inkorrekt. Sie enthält eine Meinung des Verfassers der Denkschrift, welche möglicherweise noch aus den Erklärungen der früheren Entwürfe herstammt. Keinesfalls bildet sie eine gesetzliche Vorschrift oder etwa eine authentische Interpretation des § 1348 des B.G.B. Bei der Neuredaktion des § 1348 ist zweifelsohne der Bundesrath davon ausgegangen, im Gesetz die Frage des Einflusses der Schließung der neuen nichtigen oder anfechtbaren Ehe offenzuhalten. Die Beantwortung der Frage war bedenklich; sie konnte, wie man auch das Gesetz bezüglich derselben formulirte, zu unliebsamen Erörterungen führen. Es schien sich daher wohl, wie in ähnlichen Fällen, zu empfehlen, „der Wissenschaft und der Praxis" die Beantwortung zu überlassen. Ihnen liegt also diese Beantwortung ob. Sie ist aus wissenschaftlichen Gründen zu entwickeln. Sie hat sich auf den Text zu stützen, ihm gegenüber können die Vorarbeiten, die Materialien, welche in dem wichtigsten Wendepunkt der Vorverhandlungen lückenhaft sind, nicht in Betracht kommen.

Der Text aber sagt: „Mit der Schließung der neuen Ehe wird die frühere Ehe aufgelöst." Er sagt dies rund, er sagt dies ohne Ausnahme. Die Frage kann nur sein: Ist auch Schließung einer neuen nichtigen Ehe Schließung einer neuen Ehe?

Der § 171 des Strafgesetzbuchs besagt in seiner ursprünglichen Fassung: „Ein Ehegatte, welcher eine neue Ehe eingeht, bevor seine Ehe aufgelöst, für ungültig oder nichtig erklärt worden ist, wird mit Zuchthaus bestraft.“ Nur redaktionell ist er durch Einf.-Ges. zum B.G.B. Art. 34 röm. V etwas geändert.

Im § 338 des Strafgesetzbuchs ferner heißt es: Ein Personenstandbeamter, welcher, wissend, daß eine Person verheirathet ist, eine neue Ehe derselben schließt, wird mit Zuchthaus bestraft.

Alle Ausleger des Strafgesetzbuchs, alle Lehrer des Strafrechts und des Civilrechts sind darüber einig, daß zum Thatbestand dieser Verbrechen genügt die Eingehung der neuen Ehe, d. h. die Vornahme desjenigen formellen Aktes, welcher zur Abschließung einer Ehe erfordert wird. Es wird, sagt z. B. Oppenhof zu § 171, nicht erheischt, daß die so abgeschlossene Ehe eine gültige sei, sie wird vielmehr regelmäßig schon wegen des Bestehens der ersten Ehe nichtig sein. Ebenso erläutert Ohlshausen: „Vorausgesetzt wird eine formell bestehende Ehe, mag selbige auch ungültig oder nichtig sein“. Er beruft sich hierfür auf Hälschner, v. Liszt, Hugo Meyer und Andere.

Im B.G.B. § 1348 Abs. 2 ist die Fassung — Schließung der neuen Ehe — im Wesentlichen identisch mit der des Strafgesetzbuchs. Sollte hier unter Schließung der neuen Ehe etwas ganz anderes wie im Strafgesetzbuch verstanden sein? Wenn so Viele hier Schließung einer gültigen Ehe verlangen, so kommen sie hierdurch gegenüber der auch von ihnen getheilten Auslegung des Strafgesetzbuchs in einen schwer begreiflichen Widerspruch.

Man kann sich auch nicht damit entschuldigen, daß es sich im § 171 des Strafgesetzbuchs um eine kriminelle Frage, im § 1348 des B.G.B. um eine civilrechtliche Frage handele, denn auch das Strafgesetzbuch setzt den civilrechtlichen Begriff voraus, bezieht sich auf denselben, und macht seine Strafbestimmung von demselben abhängig.

VII. Hierauf können wir uns nicht beschränken. Bezüglich der Frage, ob unter Schließung der neuen Ehe in B.G.B. § 1348 auch Schließung einer neuen nichtigen Ehe zu verstehen ist, ist zu untersuchen, was unter Nichtigkeit und Anfechtbarkeit der Ehe nach dem bürgerlichen Gesetzbuch zu verstehen ist, worüber mit Nutzen die Abhandlung von Heinrich Buhl in den Heidelberger Festgaben für Bekker zu vergleichen ist, nicht minder die Erörterung von O. Fischer in Iherings Jahrbüchern Bd. 29 S. 238.

Hinsichtlich der Nichtigkeit der Rechtsgeschäfte hatte der erste Entwurf in seinem § 108 bestimmt: „Ein nichtiges Rechtsgeschäft wird in Ansehung der gewollten rechtlichen Wirkungen so angesehen, als ob es nicht vorgenommen wäre."

Es lehnte sich dies an die Begriffsbestimmung von Windscheid Pand. Bd. 1, § 82, Zif. 1 an, welcher nichtig das Rechtsgeschäft nannte, „das die von ihm beabsichtigte rechtliche Wirkung gar nicht erzeugt, ebensowenig, als wäre es nie abgeschlossen worden."

Aber der § 108 des ersten Entwurfs wurde von der zweiten Kommission gestrichen. Ihre Erwägung — Prot. Spahn Band 1, S. 125 —, daß der Begriff des nichtigen Rechtsgeschäfts in der Wissenschaft feststehe, und daß es deshalb einer Bestimmung nicht bedürfe, war freilich recht hinfällig; außerdem aber nahm sie an, daß die im Entwurf versuchte Begriffsentwicklung hinsichtlich des Passus „in Ansehung der gewollten rechtlichen Wirkungen" beanstandet werden könne und daß sich eine einwandfreie Fassung nicht leicht werde finden lassen. Wie dem sei — der § 108 fiel, und wurde nicht wieder aufgenommen.

In Anlehnung an den § 108 enthielt der erste Entwurf § 1252, Abs. 2, bezüglich der Ehe den Satz, „wenn die Nichtigkeit einer Ehe auf einem Formmangel bei der Eheschließung beruht, oder eine aus einem andern Grunde nichtige Ehe aufgelöst, oder für ungültig erklärt ist, so ist es so anzusehen, als wenn die Ehe nicht geschlossen wäre". Die zweite Kommission hat diesen § 1252 gestrichen, sowohl den hierher nicht gehörigen Abs. 1, wie den Abs. 2 des Paragraphen.

Wäre der § 1252 Abs. 2 stehen geblieben, so hätte man allerdings argumentiren müssen: Wird eine neue nichtige Ehe geschlossen, so ist nach dem Gesetze anzunehmen, daß der Fall so zu behandeln sei, als sei die neue Ehe nicht geschlossen, folglich die frühere Ehe durch die zweite nichtige Ehe nicht aufgelöst. Diesen Schluß machten auch die Redaktoren des ersten Entwurfs. Nachdem aber der § 1252 als Absenker des § 108 gefallen ist, ist dieser Schluß ohne Grundlage.

Manche kommen aus allgemeinen Gründen zu gleichem Ergebniß. Sie nehmen an, ein nichtiges Rechtsgeschäft sei ein Nichts, wie man sich ausgedrückt hat, eine Todtgeburt. Daraus leiten sie den Satz, es liege im Fall der Nichtigkeit der neuen Ehe in Wahrheit Schließung einer neuen Ehe nicht vor. Diese Grundlage ihres Schlusses ist gleichfalls hinfällig.

Mit Recht führt Leonhard, der allgemeine Theil des B.G.B. S. 429, bezüglich der nichtigen Geschäfte aus: „Eine große Rolle spielte die noch vor Kurzem herrschende Ansicht, daß auf diesem Gebiet nicht neu entstehende, zum Theil noch unabgeschlossene Begriffsbenennungen vorliegen, sondern daß schon die Römer in ihrer Redeweise eine feste Terminologie besaßen. Von geradezu ausschlaggebender Bedeutung war hierbei ein Irrthum, der sich an die Uebersetzung des Wortes „nullus“ anknüpft, das in römischen Rechtsquellen häufig wiederkehrt. Man übersah, daß dieses Wort genau so wie der deutsche Ausdruck „Nichtig“ zwei ganz verschiedene Bedeutungen hat: es bezeichnet bald das Nichtvorhandene (non existens), bald das Mangelhafte (vitiosum). Aus dieser Lehre wurden dann unrichtige Folgerungen gezogen. Am drückendsten erwies sich diese Irrlehre im kanonischen Rechte, in dem die vorläufige Wirksamkeit das negotium nullum einem Jeden erkennbar werden mußte. Die falsche Auffassung gilt der Mehrzahl, findet Leonhard, im Allgemeinen nicht nur für die römische Rechtswissenschaft, sondern gewissermaßen als eine über alle rechtsgeschichtlichen Sprachwandlungen erhabene logische Wahrheit. So wenigstens unter den Juristen. Der Nichtjurist pflegt den Unterschied zwischen einem nichtigen Menschen und einem gar nicht vorhandenen Menschen nicht zu übersehen. Der Lehrer des Rechts thut das Gleiche öfters, wo es sich um nichtige Rechtsgeschäfte handelt.“

Zu unterscheiden ist demgemäß im Eherecht eine Nichtehe — matrimonium non existens — und eine nichtige Ehe — matrimonium nullum im engeren Sinn —. Schon Dernburg, Preuß. Privatrecht Bd. 3 § 8, Anm. 1 bemerkt: Zu unterscheiden ist „Nichtehe“ von der „nichtigen Ehe“; in gleichem Sinne spricht sich O. Fischer in der oben angeführten Abhandlung S. 329 aus.

Eine Nichtehe wäre z. B. eine sich Ehe nennende Verbindung von Personen desselben Geschlechts. Eine Nichtehe im Rechtssinn ist ferner eine innerhalb des Gebietes des deutschen Reichs ohne Zuziehung des Standesbeamten bloß vor einem Geistlichen eingegangene Ehe; überhaupt eine jede Ehe, bei deren Abschließung die im B.G.B. § 1317 vorgeschriebene Form nicht beobachtet ist, und die auch nicht in das Heiratsregister eingetragen ist. Die Vornahme solcher Akte ist nicht im Stande, gemäß § 1348 die frühere Ehe aufzuheben; sie ist keine Schließung einer neuen Ehe im Sinne des Gesetzes, da das Gesetz sie als matrimonium non existens ansieht. Ganz anders steht es in Fällen von Nichtigkeiten anderer Art. Sie hindern zwar die Entstehung einer vollgültigen Ehe; sie begründen aber eine ungültige Ehe. Sie entbehren die Kraft einer normalen Ehe, sie haben aber höchst wichtige Rechtswirkungen als Abart der Ehe.

Gegenüber einer Nichtehe, welche den Schein wahrer Ehe hat, ist eine Nichtigkeitsklage nicht möglich, höchstens eine Klage auf Feststellung des Nichtbestehens einer Ehe, wenn hierfür ein rechtliches Interesse besteht. Gegenüber einer nichtigen Ehe im engeren Sinn ist eine Nichtigkeitsklage vonnöthen, um sie der Rechtswirkungen zu entkleiden, welche sich an eine gültige Ehe knüpfen, § 1329.

Der Unterschied zwischen der Nichtehe und der nichtigen Ehe tritt, ohne daß diese Namen gebraucht werden, unter Anderem im § 1699 hervor. Darnach gilt ein Kind aus einer nichtigen Ehe, das im Fall der Rechtsgiltigkeit der Ehe ehelich sein würde, als ehelich, sofern nicht beide Ehegatten die Nichtigkeit der Ehe bei der Eheschließung gekannt haben. Es soll aber diese Vorschrift keine Anwendung finden, wenn die Nichtigkeit der Ehe auf einem Formmangel beruht, und die Ehe nicht in das Heirathsregister eingetragen worden ist, wenn also, wie wir dies formuliren, nicht bloß eine nichtige Ehe abgeschlossen wurde, vielmehr eine Nichtehe im rechtlichen Sinn — matrimonium non existens —

vorliegt. Daß die nichtige Ehe, abgesehen von der Nichtehe, keineswegs, auch wenn auf Nichtigkeit rechtskräftig erkannt wurde, so behandelt wird, als wäre die Ehe nicht geschlossen, ergiebt der ganze fünfte Titel des zweiten Abschnitts des Familienrechts des B.G.B. über die rechtliche Stellung der Kinder aus nichtigen Ehen, § 1699 bis § 1704. Es ergeben dies zahlreiche andere Vorschriften des B.G.B. Dies in alle Einzelheiten zu verfolgen, ist hier überflüssig. Es mag aber hervorgehoben werden, daß die Legitimation eines unehelichen Kindes „durch nachfolgende Ehe" der Eltern nach § 1721 auch dann eintritt, wenn die nachfolgende Ehe nichtig ist, abgesehen davon, daß beide Ehegatten bei der Eheschließung die Nichtigkeit der Ehe kannten, oder die Nichtigkeit der Ehe auf einen Formmangel beruht und die Ehe nicht in das Heirathsregister eingetragen ist, also, wie wir dies bezeichnen, eine Nichtehe vorliegt.

Für die Bestimmung des Begriffs der Nichtigkeit der Ehe ist insbesondere wichtig, daß die nichtige Ehe nach B.G.B. in mehreren Fällen nachträglich von Anfang an vollgültig werden kann. So die wegen Formmangels nichtige Ehe, welche in das Heirathsregister eingetragen worden ist durch Zusammenleben der Ehegatten in der nach § 1324 bestimmten Zeit. Die Nichtigkeit wegen Geschäftsunfähigkeit, Bewußtlosigkeit ferner wird mit rückwirkender Kraft geheilt, wenn „der Ehegatte sie nach dem Wegfall des Mangels bestätigt", § 1325. Auch die Nichtigkeit der wegen Ehebruchs verbotenen Ehe ist heilbar durch nachträgliche Befreiung vom Ehehinderniß, § 1328.

Wäre die nichtige Ehe eine Todtgeburt, hätte sie keinerlei Existenz, wäre sie ein Nichts, wie die herrschende Ansicht behauptet, so ließe sich dies Alles nicht verstehen. Insbesondere könnte die Bestätigung eines Nichts, wie solche im § 1325 vorgesehen ist, nicht verstanden werden. Die Bestätigung eines Nichts könnte nur Nichts ergeben, wie die Multiplikation einer Null nur zu einer Null führt.

Aus diesem Allen ist bewiesen, daß auch der Abschluß einer nichtigen Ehe im engeren Sinn als Abart der Ehe die Abschließung einer neuen Ehe bildet, natürlich einer fehlerhaften und um deswillen keineswegs auch mit den regelmäßigen Folgen der rechtmäßigen Ehe schlechthin ausgestatteten Ehe.

Für den Sprachgebrauch des B.G.B. ist wichtig § 1326: „Eine Ehe ist nichtig, wenn einer der Ehegatten zur Zeit der Eheschließung in einer gültigen Ehe lebte." Das Wort „gültig" wurde von der zweiten Kommission offenbar hinzugefügt, weil sonst eine spätere Ehe auch dann nichtig gewesen wäre, wenn die frühere Ehe eine ungültige war, was die Kommission nicht wollte. Unter „Ehe" verstand sie also auch eine ungültige Ehe. So auch das B.G.B., welches den § 1326 aufnahm.

Spricht also der Gesetzgeber im § 1348 Abs. 2 aus, „durch Schließung einer neuen Ehe wird die frühere Ehe aufgelöst", so begreift dies nach dem System des Gesetzbuchs und seines Sprachgebrauchs, wie wir wiederholen, auch die nichtige Ehe, abgesehen von den Fällen, in welchen nur eine Nichtehe zu Stande kam. Von diesem Fall abgesehen, hebt, was zu beweisen war, der Abschluß einer neuen Ehe seitens des zurückgebliebenen Ehegatten, auch wenn die neue Ehe nichtig ist, seine Ehe mit seinem früheren für todt erklärten Ehegatten auf.

VIII. Der erste Entwurf verwarf die Anfechtbarkeit der neuen Ehe im Fall der Rückkehr des für todt erklärten Ehegatten durch den Zurückkehrenden, wie sie ältere Gesetzgebungen kannten. Die Motive bemerken Bd. 4 S. 644: „Für die Anerkennung eines solchen Anfechtungsrechts läßt sich zwar geltend machen, daß im Fall der Rückkehr des für todt erklärten Ehegatten für den andern Ehegatten, wenn der letztere inzwischen eine neue Ehe geschlossen hat, sittliche und religiöse Konflikte entstehen können, welche nur durch Vernichtung der neuen und Wiederherstellung der ersten Ehe zu lösen sind. Diese Rücksichten können indessen gegenüber den mit einem solchen Anfechtungsrechte verbundenen Unzuträglichkeiten und den daraus für den andern Theil der neuen Ehe, und für die Kinder aus der letzten Ehe sich ergebenden Härten umsoweniger als durchschlagend erachtet werden, als der Ehegatte des für todt erklärten Ehegatten, wenn er eine neue Ehe schließt, sich die Möglichkeit der Rückkehr des Verschollenen und die in einem solchen Falle für ihn daraus entstehenden Konflikte vergegenwärtigen konnte und mußte."

Hierbei ist es in den weiteren Entwürfen und in dem Gesetzbuch geblieben. In der zweiten Lesung tauchte aber das andere Anfechtungsrecht auf, Prot. Bd. 4 S. 454, welches in das B.G.B. § 1350 überging, wonach jeder Ehegatte der neuen Ehe, wenn der für todt Erklärte noch lebt, die neue Ehe anfechten kann; es sei denn, daß er bei der Eheschließung von dessen Leben Kenntniß hatte. Es wurde hierbei vorzugsweise auf die schweren sittlichen Konflikte hingewiesen, welche sich daraus ergeben müssen, daß die Kirche, insbesondere die katholische, die erste Ehe, falls der todtgeglaubte Ehegatte zurückkehre, als gültig behandle, während nach dem Entwurf der Staat die zweite Ehe als zu Recht bestehend anerkenne.

Daß die Gesetzgebung auf die religiösen Auffassungen eines großen Theils der Nation Rücksicht nimmt, ist gewiß zu billigen. Dies hätte aber hier nur geschehen können, wenn der Gesetzgeber in diesem Punkt ein konfessionelles Eherecht festgestellt hätte, also ein verschiedenes für die Katholiken und für die Akatholiken.

Zweifellos widerspricht das Gesetz der Auffassung der katholischen Lehre. Seine grundlegenden §§ 1348 und 1349 sind wie Lehmkuhl, das B.G.B. ausführt, nach katholischer Lehre absolut unannehmbar. Nach dieser besteht die erste Ehe trotz der gerichtlichen Todeserklärung des Verschollenen fort, so lange derselbe in Wahrheit lebt. Daran kann die neue Ehe des Zurückbleibenden nichts ändern. Ein Katholik darf nach den Geboten seiner Kirche, so lange die Möglichkeit, daß der Verschollene zurückkehrt, besteht, trotz der Todeserklärung desselben zu solcher neuen Ehe nicht schreiten. Die katholische Kirche kann einen derartigen „Versuch“ einer neuen Ehe nicht billigen, und zu derselben die Hand nicht bieten. Der Katholik, welcher denselben gleichwohl unternimmt, legt hierdurch zu Tage, daß er den Geboten seiner Kirche nicht treu ergeben ist, daß er sich leichthin über dieselben hinwegsetzt. Um deswillen ist es aber auch schwer, zu glauben, daß, wenn hinterher der Verschollene in der That zurückkehrt, tiefe Gewissenskonflikte bei ihm entstehen. Es ist vielmehr nicht unwahrscheinlich, daß, wenn er das Anfechtungsrecht des B.G.B. benutzt, dies um deswillen geschieht, weil er der neuen Ehe überdrüssig geworden ist, und sich von derselben und den aus ihr erwachsenen Verbindlichkeiten loszumachen sucht. Möglich, daß er zur Anfechtung schreitet, weil er sich nunmehr im Gewissen verpflichtet ansieht, dieses Recht zu gebrauchen. Aber sein früheres Verhalten läßt dies, wie bemerkt, nicht als das Wahrscheinliche erscheinen.

Indessen das Anfechtungsrecht des § 1350 besteht, wir mögen es materiell für gerechtfertigt halten oder nicht.

Die Frage für uns ist, ob diese Anfechtung, wie gewöhnlich gelehrt wird, nicht bloß die neue Ehe auflöst, sondern auch die frühere Ehe, die mit dem Verschollenen und für todt Erklärten bestand, wieder herstellt. Dies nahm zweifellos die zweite Kommission mit Bestimmtheit und größter Konsequenz an.

Es entsprach dies den Bestimmungen des ersten Entwurfs § 1260 Abs. 2: „Ist die Ehe in Folge der Anfechtung für ungültig erklärt und ist die anfechtbare Ehe nach erfolgter Anfechtung vor Erledigung des Rechtsstreites aufgelöst, so ist es so anzusehen, als wenn die Ehe nicht geschlossen worden wäre."

Es entsprach dies aber auch den Bestimmungen des zweiten Entwurfs, obgleich hier der § 1260 des ersten Entwurfs durch eine ganz andere Fassung ersetzt ist. Denn nach § 1482 Abs. 2 dieses Entwurfs sollte die Auflösung der alten Ehe des zurückgebliebenen Ehegatten durch dessen neue Ehe nicht eintreten, wenn die neue Ehe nichtig ist; es bestimmte ferner § 1251 Abs. 1 dieses Entwurfs: „Wird eine anfechtbare Ehe angefochten, so ist sie als von Anfang an nichtig anzusehen". Dies wurde im § 1482 für diejenige Anfechtung aufrecht erhalten, welche in Folge der Rückkehr des für todt erklärten Gatten der ersten Ehe von einem der Ehegatten der zweiten Ehe erhoben wird.

Aber dem Entwurf, welchen der Bundesrath dem Reichstag vorlegte, und der Bestimmung des B.G.B., wie sie nunmehr Gesetz ist, entspricht das, was nach den Entwürfen erster und zweiter Lesung einzutreten hätte, keineswegs. Allerdings ist im B.G.B. § 1343 Abs. 1 die Bestimmung, wonach eine anfechtbare Ehe, welche angefochten wird, von Anfang an als nichtig anzusehen ist, stehen geblieben. Aber, wie wir nachgewiesen haben, ist nach B.G.B. § 1348 Abs. 2 mit der Schließung der neuen Ehe die frühere Ehe aufgelöst, auch wenn sie nichtig ist, umsomehr, wenn sie nur nach § 1343 in Folge der Anfechtung als von Anfang an nichtig anzusehen ist.

Da die alte Ehe aufgelöst bleibt, auch wenn die neue Ehe durch die Anfechtung seitens eines der Ehegatten beseitigt ist, so ergiebt sich freilich die Folge, daß dann, wenn der zurückgebliebene Ehegatte nach jener Anfechtung die Ehe mit dem zurückgekehrten alten Gatten herstellen will, er hierzu den Abschluß einer neuen Ehe mit demselben bedarf. Dies ist aber vom Standpunkt des bürgerlichen Rechtes aus auch durchaus zweckmäßig, denn eine Wiederherstellung der alten Ehe, welche aufgelöst war, von Rechtswegen, kann nicht als zweckmäßig angesehen werden. Es widerspricht den Grundgedanken der Ordnung des Personenstandes.

Der zurückgebliebene Ehegatte soll nach der hier bekämpften Ansicht ohne Weiteres in Folge der Anfechtung der neuen Ehe den Namen des für todt Erklärten wieder zu führen haben. So namentlich Arthur Schmidt, Kommentar S. 141. Er geht davon aus, daß die frühere Ehe nicht, wie Planck äußere, wiederauflebe, daß die Ehegatten der früheren Ehe vielmehr Ehegatten geblieben seien, daß die zurückgebliebene Ehefrau, die inzwischen wieder geheirathet hatte, daher den Namen ihres früheren Ehemannes nie verloren habe. Arthur Schmidt behauptet, daß es unrichtig sei, wenn Süßheim in Gruchot's Beiträgen Bd. 43, S. 581 annehme, daß die Ehefrau den Familiennamen des Ehemanns der späteren Ehe zunächst behalte. Dies ist konsequent, es entspricht der allgemein herrschenden Ansicht. Aber es ist nicht bloß verfehlt, es ist falsch. Denn es folgt aus falschen Prämissen.

Eine wenig erwünschte Folge der von uns vertheidigten Auffassung ist, daß hiernach der zurückgebliebene Ehegatte, nachdem er die neue Ehe angefochten, und damit beseitigt hat, nunmehr post tot discrimina rerum die Möglichkeit erlangt, statt des alten und des neuen Gatten sich einen dritten zu erwählen und mit ihm die dritte Ehe zu versuchen. Gewiß ist es zu bedauern, daß das Gesetz eine solche Möglichkeit eröffnet. Aber es ist dies eben die Folge der Anfechtbarkeit der neuen Ehe durch § 1350. Man muß sich dieser gesetzlichen Vorschrift fügen, wenn ihr Ergebniß auch materiell als ein ungehöriges erscheint. Man kann sich aber mit der Erwägung beruhigen, daß der Fall einer solchen dritten Ehe mit einem dritten Gatten während des Lebens der beiden Vorgatten doch nur ein seltener sein wird.

Jedenfalls führt die Annahme der Kommentatoren, daß die Anfechtung der neuen Ehe die Wiederherstellung der alten Ehe des Zurückgebliebenen mit dem für todt Erklärten von Rechtswegen und ohne Weiteres mit sich bringt, zu weit beklagenswertheren Ergebnissen. Sie kann zu den härtesten Folgen namentlich dann führen, wenn die Anfechtung seitens des neuen Ehegatten geschieht. Wir sehen hierbei ab von dem Standpunkt des kanonischen Rechts. Derselbe ist Ausdruck eines großen idealen Prinzips. Es beruht auf der Unauflöslichkeit jeder einmal vollzogenen christlichen Ehe. Es hält dies Prinzip als religiöse Grundwahrheit, als eine

Grundsäule der Ordnung der menschlichen Beziehungen fest, auch wenn dasselbe mit Härte für den einzelnen Ehegatten verbunden sein mag. Dieser kann und muß sich damit trösten, daß er für eine nach der Lehre seiner Kirche von Gott eingesetzte grundsätzliche Ordnung leidet. Auf diesem Standpunkt steht das bürgerliche Gesetzbuch nicht. Es berücksichtigt das Individuum in höherem Maße, es giebt auch der Zweckmäßigkeit Raum, es kennt eine absolute Unauflöslichkeit der einmal geschlossenen Ehe nicht.

Von dem Standpunkt des B.G.B. aus, den wir hier einnehmen müssen, kann es unmöglich gebilligt werden, daß der zurückgebliebenen Frau des für todt Erklärten durch Anfechtung ihres neuen Gatten der alte Gatte aufgedrängt werden kann, daß der neue Gatte befugt ist, sie in die Arme des zurückgekehrten, für todt erklärten Gatten zu werfen. In der überwiegenden Mehrheit der Fälle, man darf sagen fast ausnahmslos, wird der Verschollene, welcher für todt erklärt wurde und hinterher zurückkehrt, ein Vagabund sein, der mit Hintansetzung seiner heiligsten Pflichten sich seiner zurückgelassenen Ehefrau entzog, keinerlei Nachricht von sich an sie gelangen ließ, oft sie der bittersten Noth preisgab, ihr das schlimmste Leid anthat. Jetzt soll er, plötzlich zurückgekehrt, in Folge der Anfechtung der neuen Ehe durch den neuen Gatten, mit dem er sich vielleicht verständigt hat, Eheherr der Zurückgebliebenen sein und spielen können. Er kann sie wie ein weggeworfenes Gut behandeln, um welches er sich jahrelang nicht kümmerte, und das er nun, da es ihm beliebt, wieder an sich nimmt. Daß das Recht solchem Gebahren zur Seite stünde, ließe sich nur annehmen, wenn dies das Gesetzbuch ausdrücklich vorschriebe. Aber das Gesetz verfügt, wie wir nachgewiesen haben, das Gegentheil, denn „mit der Schließung der neuen Ehe war nach § 1348 Abs. 2 die frühere Ehe aufgelöst". Dies ist unbedingt vom Gesetze ausgesprochen und muß auch unbedingt angewendet werden.

IX. In Folge der Bestimmungen des zweiten Entwurfs war, wie wir oben sahen, die Frage aufgetaucht, ob dann, wenn der für todt Erklärte — etwa durch die öffentlichen Blätter aus seiner Heimath, welche er in der Ferne las — ersah, daß sich seine zurückgebliebene Ehefrau wieder verheirathet hat, und wenn er, was er bisher verschob, um den möglichen Strafen der Bigamie zu entgehen, nunmehr wiederum eine Ehe schloß, diese Ehe als nichtig aufzufassen sei? Von dem Standpunkt des zweiten Entwurfs aus war dies zu bejahen, wenn der Ehegatte der neuen Ehe der Zurückgebliebenen diese neue Ehe anfocht, denn nach diesem Entwurf war die alte Ehe durch solche Anfechtung wieder hergestellt. Man suchte in der zweiten Kommission durch einen Verbesserungsantrag diese Nichtigkeit zu beseitigen. Aber der Antrag wurde verworfen — nach dem System des zweiten Entwurfs mit Recht. Wenn die Anfechtung der neuen Ehe die alte des für todt Erklärten herstellte, so mußte die neue Ehe desselben nothwendig als Doppelehe nichtig sein. Man verkannte nicht, daß dies hart sei, aber man konnte hieran nach den angenommenen Grundsätzen nichts ändern. Man beruhigte sich damit, daß es sich um einen sehr seltenen Fall handle.

Nach dem Standpunkt, welchen das B.G.B. im § 1348 Abs. 2 einnimmt, ist die alte Ehe des für todt Erklärten mit Schließung der neuen Ehe durch die zurückgebliebene Gattin endgültig aufgelöst. Die Härte, welche die zweite Kommission empfand, daß die neue Ehe des für todt Erklärten ohne sein Zuthun nichtig werde, der man doch nicht begegnen konnte, ist ohne Weiteres verschwunden.

X. Die richtige Interpretation des § 1348 befreit das B.G.B. von einem Flecken, welcher ihm nach gewöhnlicher Auffassung anhaftet.

Es giebt ein Kinderspiel: „Wechselt eure Plätze", ein lustiges Spiel! Aber die Ehe ist kein Spiel und darf keine Organisation haben, welches solchem Spiel gleicht. Nach der richtigen Auffassung ist der Vorwurf, welchen man hiernach den §§ 1348 ff. machen kann, wesentlich gemildert.

XI. Bei der Auslegung des B.G.B. sind die Materialien desselben von Bedeutung. Manche allerdings, und nicht die schlechtesten Juristen, wollen von den Materialien nichts wissen. Sie behaupten, es stünde besser um Gesetz und Recht, wenn die Vorverhandlungen sämmtlich hätten verbrannt werden können. Damit gehen sie zu weit. Die Materialien sind zuweilen unentbehrliche Hülfsmittel zum Verständniß des Gesetzes. Aber jene Ansicht ist nicht ganz ohne Grund. Die Materialien sind häufig die Quelle perniziöser Mißverständnisse und Mißdeutungen des Gesetzes. Vor Allem ist dies der Fall, wenn das Gesetz schließlich eine andere Fassung erhielt, als in den Vorentwürfen. Die Gründe der Vorentwürfe können breit in den Motiven, in den Protokollen u. s. w. enthalten sein. Die Gründe der neuen Fassung verbergen sich vielleicht im Dunkeln. Die alten Auffassungen wirken dann leicht nach, aber sie führen in die Irre. So ist es bei der Frage, um die es sich hier handelt.

Die Auslegung des B.G.B. hat nicht in erster Linie nach den Meinungen der bei der Redaktion Betheiligten zu geschehen, mögen sie bei den Berathungen ausgesprochen oder nachher in ihren Kommentaren niedergelegt sein. Der Sinn des Gesetzes ist vor Allem aus dessen Wort zu entnehmen, nicht minder aber aus dem Zusammenhang der Rechtsvorschriften, endlich aus dem, was ein echtes Rechtsgefühl uns eingiebt, was Natur der Sache, Gerechtigkeit und Humanität gebieten.

Die

positiven Vertragsverletzungen

und ihre

Rechtsfolgen.

Von

Justizrath Dr. Hermann Staub,

Rechtsanwalt in Berlin.

1.

Nach § 286 B.G.B. hat der Schuldner dem Gläubiger den durch den Verzug entstehenden Schaden zu ersetzen. Im Verzuge ist, wer eine Leistung unterläßt, zu welcher er verpflichtet ist. Damit ist deutlich und ausreichend Fürsorge getroffen für alle Fälle, wo Jemand eine Leistung nicht bewirkt, die er zu bewirken verpflichtet ist, wo Jemand unterläßt, was er thun soll.

Dagegen enthält das B.G.B. eine gleiche Vorschrift nicht für die zahlreichen Fälle, in denen Jemand eine Verbindlichkeit durch positives Thun verletzt, in denen Jemand thut, was er unterlassen soll, oder die Leistung, die er zu bewirken hat, zwar bewirkt, aber fehlerhaft.

Die Fälle, um die es sich hier handelt, sind von der allergrößten Wichtigkeit. Sie kommen im Rechtsleben täglich tausendfach vor. Sie begegnen uns auf Schritt und Tritt. Es verpflichtet sich Jemand, die ihm verkauften Lampen nicht nach Frankreich weiter zu verkaufen; er thut es doch. Es liefert ein Kaufmann einem anderen einen von ihm fabrizirten Leuchtstoff, der explosive Bestandtheile hat, ohne den Käufer darauf aufmerksam zu machen; der Leuchtstoff richtet im Laden des Käufers großen Schaden an. Ein Agent giebt aus Nachlässigkeit unrichtige Berichte über die Solvenz eines von ihm gewonnenen Kunden, ein anderer arbeitet fortgesetzt für ein Konkurrenzgeschäft, obwohl darin nach Lage der Sache eine arge Pflichtverletzung zu erblicken ist. Ein Kommis verkauft aus Fahrlässigkeit weit unter dem Einkaufspreise. Ein Prinzipal giebt seinem Handlungsgehilfen ein unrichtiges Zeugniß.

Niemand wird zweifeln, daß in allen diesen Fällen der pflichtverletzende Theil die Verpflichtung hat, dem anderen Theil denjenigen Schaden zu ersetzen, der ihm durch die Pflichtverletzung erwachsen ist.

Wie ist aber dieser Rechtssatz zu begründen? Auf welche Gesetzesbestimmung stützt er sich? Ein Verzug liegt nicht vor. Denn in keinem der Fälle ist etwas unterlassen, was der Verpflichtete hätte thun sollen. Ueberall ist vielmehr umgekehrt etwas gethan, was hätte unterbleiben sollen; oder es ist zwar die Leistung bewirkt worden, die bewirkt werden sollte, aber sie ist fehlerhaft bewirkt worden. Ueberall liegt also Pflichtverletzung nicht durch Unterlassen, sondern durch positives Thun vor. Der § 286 B.G.B. greift also nicht Platz.

In meinem Kommentar zum H.G.B. (Anm. 11 zu § 347) habe ich für alle Fälle dieser Art den Rechtsgrund der Schadensersatzpflicht in einem im Gesetzbuch nicht ausgesprochenen, aber gleichwohl ihm innewohnenden allgemeinen Rechtsgrundsatze gefunden, dahingehend, daß die R e c h t s f o l g e d e r s c h u l d h a f t e n V e r l e t z u n g e i n e r b e s t e h e n d e n V e r b i n d l i c h k e i t i n d e r V e r p f l i c h t u n g z u m S c h a d e n s e r s a t z b e s t e h t, s o f e r n d i e s e R e c h t s f o l g e d u r c h G e s e t z n i c h t b e s e i t i g t i s t.

Seitdem ist von anderer Seite versucht worden, das Bestehen eines solchen, nirgendwo ausgesprochenen allgemeinen

Rechtsgrundsatzes in Abrede zu stellen und statt dessen aus den positiven Bestimmungen des B.G.B. den Rechtsgrund jener Schadensersatzverbindlichkeit nachzuweisen. Ein solcher Nachweis wäre gewiß erfreulich. Denn es ist allerdings mißlich, einen allgemeinen Rechtsgrundsatz von so eminenter praktischer Tragweite in den Bestimmungen des Gesetzbuches zu vermissen und ihn aus dem Geiste und dem Zusammenhange seiner Vorschriften herauszuinterpretiren. Der Nachweis, daß er ausdrücklich ausgesprochen ist, wäre gewiß dankenswerth. Ich kann aber nicht anerkennen, daß er gegeführt ist.

Auf verschiedene Weise hat man diesen Nachweis versucht.

Die einfachste Theorie ist die: Nach § 276 B.G.B. habe der Verpflichtete Vorsatz und Fahrlässigkeit zu vertreten. Das bedeute: Wer seine Pflicht vorsätzlich oder fahrlässig verletzt, hat dem Anderen Schadensersatz zu leisten. Das ist diejenige Theorie, die dem Juristen im Gefühle liegt, jene Theorie, die es bewirkt, daß man in Fällen der hier in Rede stehenden Art die Schadensersatzpflicht ausspricht, ohne sich Gedanken über ihren Rechtsgrund zu machen. Diese Gefühlstheorie hat auch einen wissenschaftlichen Vertreter gefunden. Crome (in seinem System des bürgerlichen Rechts, Bd. II S. 65) sagt: „Der Inhalt der Verpflichtung beschränkt sich meist darauf, daß ein gewisses Maß von Sorgfalt auf die Erfüllung verwendet werde. Ihre Außerachtlassung (Vorsatz, Fahrlässigkeit) macht *also* schadensersatzpflichtig" (§ 276 B.G.B.). Indessen ist es ein falsches Gefühl, welches dieser Theorie zu Grunde liegt. Der § 276 B.G.B. giebt nichts weiter als eine Definition der civilrechtlichen Schuld. Civilrechtlich schuldhaft handelt, „zu vertreten hat", wer vorsätzlich oder fahrlässig handelt. Der

Gesetzgeber bringt diese Definition im allgemeinen Theil des Rechts der Schuldverhältnisse, weil er mit diesem Begriff an zahlreichen Stellen operirt. Darunter befinden sich nicht wenige Stellen, wo eine Schadensersatzpflicht gar nicht in Frage steht (§§ 338, 351, 460, 543, 586, 645). Nichts hat dem Gesetzgeber ferner gelegen, als im § 276 B.G.B. den Grundsatz auszusprechen: Eine Handlung oder Unterlassung vertreten heißt: den aus der Handlung oder Unterlassung entstehenden Schaden ersetzen müssen. Dann wäre ja z. B. der § 286 B.G.B. gänzlich überflüssig. Denn da nach § 285 B.G.B. Verzug vorliegt, wenn der Verpflichtete die ihm obliegende Handlung vertretbarer Weise zu bewirken unterläßt, so würde sich daraus ohne Weiteres die Schadensersatzpflicht ergeben. Wozu sollte dann noch der § 286 B.G.B. bestimmen: Der Schuldner hat dem Gläubiger den durch den Verzug entstehenden Schaden zu ersetzen? Der § 276 B.G.B. enthält also den Schlüssel nicht.

Auf andere Weise suchen Goldmann und Lilienthal den Nachweis zu führen, daß das Gesetzbuch jenen Grundsatz ausgesprochen hat. Im Anschluß an Titze (Die Unmöglichkeit der Leistung nach deutschem bürgerlichen Recht, Leipzig 1900) argumentiren sie (Das B.G.B., systematisch dargestellt, 2. Auflage Bd. 1 S. 333) wie folgt:

In allen Fällen der gedachten Art greife der § 280 B.G.B. Platz. Derselbe lautet:

> „Soweit die Leistung in Folge eines vom Schuldner zu vertretenden Umstandes unmöglich wird, hat der Schuldner dem Gläubiger den durch die Nichterfüllung entstehenden Schaden zu ersetzen.“

Die Unmöglichkeit der Leistung könne sich nun auf jeden Bestandtheil der Verbindlichkeit des Schuldners beziehen, auf den Gegenstand der Leistung, die Zeit der Leistung und den Ort der Leistung. Habe die geschuldete Sache nicht diejenigen Eigenschaften, welche sie nach dem Inhalte des Schuldverhältnisses haben müsse, werde eine Handlung nicht so geleistet, wie sie geschuldet werde, so sei die Leistung insoweit unmöglich, als die Sache oder die Leistung nicht dem Inhalte des Schuldverhältnisses entspreche. Habe z. B. eine vom Verkäufer zu liefernde Sache einen Mangel, so sei die vertragsmäßige Leistung unmöglich; stelle ein Gesellschafter eine falsche Bilanz auf, so sei die Aufstellung der richtigen Bilanz unmöglich. Meist werde es sich hier nur um eine zeitweise Unmöglichkeit handeln. Die Aufstellung der richtigen Bilanz bleibe möglich; aber auch wenn sie später erfolge, so bleibe sie doch für die vorhergehende Zeit, in der sie hätte erfolgen müssen, unmöglich. Doch kann dieser ganzen Argumentation nicht beigetreten werden.

Schon der erste Eindruck, den sie erweckt, ist der des Geschraubten und Gekünstelten. Der § 280 B.G.B. hat offenbar die Fälle im Auge, in welchen eine Unterlassung wegen Unmöglichkeit der Erfüllung vorliegt, in welchen also jemand eine positive Leistung schuldig ist und diese positive Leistung in Folge der Unmöglichkeit, sie zu bewirken, unterbleibt. Mag auch der § 241 B.G.B. den Satz aussprechen, daß eine Leistung auch in einem Unterlassen bestehen kann, so läßt doch der Zusammenhang der weiteren Gesetzesparagraphen keinen Zweifel übrig, daß in den Bestimmungen über die Folgen der Unmöglichkeit der Leistung und des Verzuges unter der Leistung eine positive Leistung zu verstehen ist. Es wird hier insbesondere auf die §§ 323 ff. verwiesen. In diesen werden die Fälle behandelt, in denen dem Schuldner die Leistung unmöglich wird, in engem Anschluß daran behandelt der § 326 B.G.B.

die Fälle, in denen der Verpflichtete mit der ihm obliegenden Leistung im Verzuge ist. In letzterem Falle ist zweifelsohne nur gemeint das Unterbleiben der geschuldeten positiven Leistung, und deshalb kann auch darüber kein Zweifel bestehen, daß in den unmittelbar vorangehenden Paragraphen unter der dem Schuldner obliegenden Leistung dasselbe gemeint ist, also eine positive Leistung, die hier in Folge einer Unmöglichkeit unterbleibt, während sie im § 326 zwar möglich ist, aber verzögert wird.

Dieser Auslegung entspricht auch das natürliche Sprachgefühl. Wer einen Vertrag geschlossen hat, durch welchen er sich zu einer Unterlassung verpflichtet, von dem sagt man, daß er den Vertrag verletzt habe, wenn er thut, was er seiner Verpflichtung gemäß zu unterlassen hatte. Die Rechtsfolgen, die entstehen, sind Rechtsfolgen dieser positiven Pflichtverletzung. Aber unnatürlich und gekünstelt ist es, wenn man sich auf den Standpunkt stellt: die Zuwiderhandlung als solche ist es nicht, welche die Rechtsfolgen erzeugt; aber dadurch, daß der Schuldner diese Zuwiderhandlung begangen hat, hat er sich in die Unmöglichkeit versetzt, sie nicht zu begehen und deshalb hat er, wenn diese Unmöglichkeit auf einem von ihm zu vertretenden Umstande beruht, nach § 280 B.G.B. dem anderen Theil den Schaden zu ersetzen, der ihm durch diese Unmöglichkeit erwächst.

Ist hiernach die Erklärung von Goldmann und Lilienthal so gewunden und unnatürlich, daß man nicht annehmen kann, sie liege dem Gesetze zu Grunde, so kommt noch hinzu, daß sie auch sachlich das Richtige nicht trifft. Ein einfaches Beispiel soll dies zeigen. Ein Gesellschafter, dem die Bücherführung obliegt, hat innerhalb der ersten drei Monate des Geschäftsjahres die Bilanz aufzustellen. Je nach dem Ausfall der Bilanz werden geschäftliche Dispositionen getroffen. Schon in den ersten zwei Wochen stellt der bücherführende Gesellschafter freudestrahlend eine höchst günstige Bilanz auf, die anderen Gesellschafter treffen daraufhin entsprechende geschäftliche Dispositionen. Vierzehn Tage später stellt sich heraus, daß der bücherführende Gesellschafter aus grober Fahrlässigkeit eine falsche Bilanz aufgestellt hat. Er legt jetzt die richtig gestellte Bilanz vor. Die wahre Vermögenslage ist bei Weitem nicht so günstig, wie sie nach der ersten Bilanz schien, die daraufhin getroffenen geschäftlichen Dispositionen waren verfehlt und schadenbringend. Daß der bücherführende Gesellschafter für den Schaden haftet, ist zweifellos. Aber aus welchem Rechtsgrunde? Nach Goldmann und Lilienthal liegt Unmöglichkeit der Erfüllung vor. Der Gesellschafter hat eine falsche Bilanz aufgestellt, und deshalb ist die Aufstellung der richtigen Bilanz unmöglich. Das ist doch nicht richtig. Die Aufstellung der richtigen Bilanz war von vorn herein möglich. Der bücherführende Gesellschafter hat nur wichtige Unterlagen der Bilanzaufstellung durch fahrlässiges Verhalten übersehen, und so ist es gekommen, daß er das nicht gethan hat, was ihm möglich war, er hat durch seine positive Handlung seine Pflicht verletzt. Aber jetzt, das ist der Gedankengang von Goldmann und Lilienthal, nachdem er einmal die falsche Bilanz aufgestellt hat, ist ihm die Aufstellung der richtigen Bilanz unmöglich. Auch das ist nicht der Fall. Sie ist ihm durchaus möglich, und er hat sie auch nachträglich richtig aufgestellt. Aber es liegt doch wenigstens, so sagen Goldmann und Lilienthal, eine „zeitweise Unmöglichkeit der Erfüllung“ vor. „Wenn sie später erfolgt, so bleibt sie für die betreffende Zeit, in der sie hätte erfolgen müssen, unmöglich.“ Auch das ist nicht richtig. Die Bilanz mußte aufgestellt werden innerhalb der ersten drei Monate des Geschäftsjahres, und in dieser Zeit ist sie auch richtig aufgestellt worden. Der Fehler lag einzig und allein darin, daß er die Bilanz, welche er aufstellte, unrichtig aufgestellt hat. Es liegt also lediglich eine Pflichtverletzung durch positives Handeln vor. Weder eine Unmöglichkeit im Gegenstande, noch eine Unmöglichkeit in der Zeit lag vor. Die richtige Bilanzaufstellung war möglich und auch in der vertragsmäßigen Zeit möglich, wie sie ja auch in der vertragsmäßigen Zeit aufgestellt worden ist.

Ein anderes Beispiel: Der Verkäufer schickt dem Käufer wurmstichige Aepfel. Dadurch werden die gesunden Aepfel des Käufers angesteckt und es entsteht ihm ein großer Schade. Dem Verkäufer, der kranke und gesunde Aepfel hatte, war es keineswegs unmöglich, gesunde Aepfel zu schicken, er hat dennoch kranke Aepfel geschickt. Auch nachdem er kranke Aepfel geschickt hatte, war es ihm nicht unmöglich, statt ihrer gesunde Aepfel zu schicken; auch „zeitweise Unmöglichkeit" liegt nicht vor, da er die Aepfel lange vor dem Ablauf der vereinbarten Erfüllungszeit geschickt und daher sehr wohl noch im Stande war, auch zeitlich seiner Verpflichtung nachträglich zu genügen. Wenn er gleichwohl auf Schadensersatz haftet, so muß dies also einen anderen Rechtsgrund haben als Unmöglichkeit und sei es auch nur zeitweise Unmöglichkeit der Erfüllung.

Diese sogenannte zeitweise Unmöglichkeit der Erfüllung ist überhaupt eine sehr bedenkliche Sache. Sie soll immer dann vorliegen, wenn die Erfüllung zu der Zeit, wo sie erfolgen soll, nicht erfolgt. Denn nachdem die Erfüllungszeit abgelaufen sei, könne sie doch zur Erfüllungszeit nicht mehr erfolgen. Das ist geschraubt und gewunden und unrichtig.

Wäre es richtig, so wäre die ganze Lehre vom Verzuge überflüssig. Verzug liegt ja gerade dann vor, wenn die Erfüllungszeit abgelaufen und noch nicht erfüllt ist. Wäre das Unmöglichkeit der Erfüllung im Sinne des B.G.B., was hätte dann der § 326 B.G.B. für einen Zweck und für eine Bedeutung? Der Gesetzgeber unterscheidet doch gerade Unmöglichkeit der Erfüllung — das sind die Fälle, wo der Verpflichtete die Leistung nicht bewirken kann — und Erfüllungsverzug — das sind die Fälle, wo er sie zwar bewirken kann, sie aber gleichwohl über die Erfüllungszeit hinaus verzögert. Diesen Gegensatz darf man doch nicht dadurch verwischen, daß man von „zeitweiser Unmöglichkeit" spricht, wenn zur Erfüllungszeit nicht erfüllt wird. Nicht einmal dann, wenn die Erfüllungszeit genau und fest bestimmt ist, und diese Zeitbestimmung einen wesentlichen Bestandtheil des Vertrages bildet, also beim sogenannten Fixgeschäft, liegt in der Nichterfüllung am Stichtage Unmöglichkeit der Erfüllung. Nicht einmal in diesem Falle greifen die Bestimmungen über die Unmöglichkeit der Erfüllung Platz; vielmehr ist diesem Falle eine besondere Vorschrift gewidmet, nach welcher dem vertragstreuen Theil keineswegs die gleichen Rechte zustehen, welche ihm bei Unmöglichkeit der Erfüllung zustehen, sondern nur ein Rücktrittsrecht, und auch dieses nur im Zweifel (§ 361 B.G.B.).

Der Versuch von Goldmann und Lilienthal, die Verpflichtung zum Schadensersatz bei positiven Pflichtverletzungen aus ausdrücklichen Gesetzesbestimmungen abzuleiten, muß hiernach als mißglückt betrachtet werden.

Einen anderen Versuch unternimmt Schöller (bei Gruchot 46 S. 26 ff.). Auch er erblickt in der positiven Pflichtverletzung eine Unmöglichkeit der Erfüllung, weil durch jede Zuwiderhandlung gegen eine Unterlassungspflicht die Unterlassung unmöglich werde; denn die einmal geschehene Thatsache der Zuwiderhandlung lasse sich nicht wieder ungeschehen machen; „die Zuwiderhandlung begründe also eine Unmöglichkeit der auf Unterlassung gerichteten Leistung". Erfülle der Verpflichtete mangelhaft, so habe er das „Andersleisten unterlassen". Das begründe im Sinne des Gesetzes eine Unmöglichkeit der Erfüllung der Unterlassungspflicht.

Wer möchte leugnen, daß auch diese Theorie schon auf den ersten Blick den Eindruck des Gekünstelten und Geschraubten macht? Schon ihre Wiedergabe erweckt das Gefühl, daß hier mit Gewalt etwas in das Gesetzbuch hineingelegt und aus ihm herausgeholt wird, was der natürlichen Auffassung widerspricht. Das verkennt übrigens Schöller selbst nicht. Er sagt: Das Gesetzbuch gehe in seinen allgemeinen Vorschriften über den Verzug und die Unmöglichkeit der Erfüllung von der Leistung als einer Handlung aus und fasse deshalb das Unterbleiben der Leistung als eine Unterlassung auf. Aber wenn das richtig ist, so kann nur das Unterbleiben einer geschuldeten positiven Leistung, nicht aber umgekehrt das positive Zuwiderhandeln gegen eine Unterlassungspflicht eine Unmöglichkeit der Erfüllung im Sinne des Gesetzes sein, und es liegt daher nicht „im Sinne des Gesetzes", wenn Schöller sagt: Handelt der Schuldner seiner Pflicht, das Andersleisten zu unterlassen, zuwider, so begründet das eine Unmöglichkeit der Erfüllung. Seine Deduktionen beziehen sich zunächst nur auf den Fall, daß der Verpflichtete eine ihm obliegende Leistung mangelhaft erfüllt. Hier erachtet er den Schuldner für verpflichtet, es zu unterlassen, anders zu leisten, und dieser Unterlassungspflicht handle der

Schuldner zuwider durch die positive Handlung der Andersleistung. Schöller meint, man sei „zu solcher mehr oder weniger künstlichen Konstruktion gezwungen, um die rechtlichen Vorgänge in das Prokrustesbett des Gesetzestextes, der den Schadensersatz nur als Folge verschuldeter Verzögerung oder verschuldeter Unmöglichkeit der Leistung kennt, einzuzwängen". Ich kann aber nicht zugeben, daß man zu solcher Gewaltmaßregel gezwungen ist. Habe ich die Wahl, ob ich das von Schöller und von mir übereinstimmend für nothwendig erachtete Ergebniß direkt aus dem Gesetze herauslese, aber nur mit dem Zugeständniß, daß das Gesetz die Sache eigentlich anders auffaßt und daß man zu dem Ergebnisse nur mit einer gekünstelten Konstruktion gelangt, nur durch Hineinzwängung der rechtlichen Vorgänge in das Prokrustesbett des Gesetzestextes, das also eingestandenermaßen nicht paßt, oder ob ich zu demselben Ergebnisse zwangslos durch einen allgemeinen Rechtssatz gelange, der im Wege der von unserem Gesetzbuch keineswegs verpönten Analogie gewonnen wird, dessen Existenz auch von den gesetzgebenden Faktoren selbst an anderer Stelle zugegeben wird (vergl. Denkschrift zum H.G.B. S. 202; vergl. meinen Kommentar zum H.G.B. Anm. 11 zu § 347), so ist die Wahl wahrlich nicht schwer.

Man ist hiernach berechtigt, auf Grund der nach der ganzen Sachlage naheliegenden und zwingenden Analogie des § 286 B.G.B. anzunehmen, daß ein Rechtsgrundsatz besteht, wonach Derjenige, der eine Verbindlichkeit durch eine positive Handlung schuldhaft verletzt, dem anderen Theil den hierdurch entstehenden Schaden zu ersetzen hat. Zahlreiche rechtliche Vorgänge, die einer Regelung in diesem Sinne bedürfen, werden durch diesen Rechtsgrundsatz sachgemäß geregelt.

Eine der wichtigsten Anwendungen dieses Grundsatzes liegt darin, daß bei schuldhaft mangelhafter Erfüllung des Kaufvertrages über die ädilizischen Rechtsmittel hinaus ein allgemeiner Anspruch auf Schadensersatz besteht. Die ädilizischen Rechtsmittel beziehen sich nur auf die Fälle, in denen der Verkäufer, gleichviel, ob mit oder ohne Schuld, mangelhaft liefert, und auf die Fälle, in denen der Verkäufer durch die Zusicherung einer Eigenschaft die Garantie ihres Vorhandenseins übernommen hat und endlich auf die Fälle, wo er durch arglistiges Verschweigen eines Fehlers einen dolus begangen hat (§§ 459, 463 B.G.B.). Nicht berücksichtigt sind hier überall die zahlreichen Fälle, in denen durch die mangelhafte Erfüllung dem Käufer ein Schaden entsteht, ohne daß der Fall der Zusicherung einer bestimmten Eigenschaft oder dolose Verschweigung eines Fehlers vorliegt. Es liefert z. B. der Verkäufer dem Käufer mottige Pelzwaare, feuchte Lederwaaren, wasserdurchtränkten Theer, sauren Wein, alles Waaren, welchen gewöhnlich vorausgesetzte Eigenschaften fehlen. Es ist aber keine bestimmte Eigenschaft zugesichert, und der Fall liegt auch nicht so, daß der Fehler arglistig verschwiegen ist. Würde man nun einen Anspruch auf Schadensersatz in solchen Fällen nicht zugestehen, so würde der Käufer wohl das Recht haben, den Kauf rückgängig zu machen, oder den Kaufpreis zu mindern, oder andere Waare zu verlangen. Aber alle diese Rechte reichen in den meisten Fällen absolut nicht aus, um den Erfordernissen der Gerechtigkeit zu genügen, nämlich immer dann nicht, wenn dem Käufer durch die mangelhafte Lieferung bereits ein Schaden erwachsen ist. Der Käufer hat vielleicht in Folge der mangelhaften Lieferung seiner eigenen Lieferungsverpflichtung nicht gerecht werden können und wird seinem Abnehmer schadensersatzpflichtig. Oder die mangelhaft gelieferte Waare verdirbt seine eigene Waare und richtet dadurch Schaden an. Oder die Waare ist wegen des Mangels polizeilich beschlagnahmt worden und dem Käufer sind Auslagen an Strafe und Kosten entstanden. Nur durch Anwendung jenes allgemeinen Grundsatzes geschieht hier der Gerechtigkeit Genüge. Ausgeschlossen ist hier jedenfalls die Schadensersatzpflicht dadurch nicht, daß das Gesetz die ädilizischen Rechtsmittel gegeben hat. Auch nach früherem Recht haben Wissenschaft und Rechtsprechung übereinstimmend angenommen, daß durch die ädilizischen Rechtsmittel nur die Folgen der mangelhaften Erfüllung, ohne Rücksicht auf die Schuldfrage, geregelt werden sollten, daß aber durch die ädilizischen Rechtsmittel die weiteren Rechtsfolgen der auf schuldhafter Pflichtverletzung beruhenden mangelhaften Erfüllung nicht beseitigt sind (R.G. 44 S. 242; Eccius, Preuß. Privatrecht, 7. Aufl. I S. 506, Rehbein und Reincke Anm. 167 zu § 320, I 5. A.L.R.). Dabei muß allerdings die Einschränkung gemacht werden, daß der Grundsatz dort nicht gilt, wo er neben den ädilizischen Rechtsmitteln keinen Raum hat. Er gilt in allen den Fällen, wo die verkaufte Spezies nachträglich durch die Schuld des Verkäufers mangelhaft wird oder wo der Verkäufer eine Gattungssache oder eine von ihm herzustellende Sache durch seine Schuld mangelhaft liefert. Er gilt aber z. B. nicht, wenn der Verkäufer eine mit Fehlern behaftete Spezies verkauft, ohne den Mangel dolos zu verschweigen und ohne Zusicherung der Mangelfreiheit. Denn in diesen Fällen sind dem Käufer die ädilizischen Rechtsmittel gegeben und nur diese.

II.

Aber mit diesem Rechtsgrundsatz ist dem Verkehr noch immer nicht gedient. Wie es dem Gesetzgeber nicht genügt hat, dem im Verzuge befindlichen Schuldner die Schadensersatzpflicht wegen jeder einzelnen Unterlassung aufzuerlegen, sondern bei zweiseitigen Verträgen dem Berechtigten weit darüber hinausgehende Rechte (Schadensersatz wegen Nichterfüllung des ganzen Vertrages und Rücktritt) gewährt hat (§ 326 B.G.B.), so kann auch hier der Verkehr mit der bloßen Schadensersatzpflicht nicht auskommen. Die bloße Gewährung der Schadensersatzpflicht entspricht so wenig dem Rechtsgefühl, daß man, wie die Schadensersatzpflicht, so auch die weitergehenden Rechte auf Rücktritt oder Schadensersatz wegen Nichterfüllung ohne Weiteres zu gewähren geneigt ist, ohne sich über den Rechtsgrund klar zu werden.

An Beispielen, die dem Rechtsleben entnommen sind, soll dies dargelegt werden.

Ein Gastwirth verpflichtet sich auf Jahre hinaus, sein Bier von einer bestimmten Brauerei zu beziehen, die Brauerei verpflichtet sich, es ihm fortgesetzt zu liefern. Er erhält trotz wiederholter Beanstandung einen Monat hindurch schlechtes Bier. Ist er immer wieder nur darauf angewiesen, das Bier unverzüglich nach der Lieferung zu rügen, es zur Verfügung zu stellen, und bestenfalls nach dem zu I von uns gewonnenen Rechtsgrundsatze Schadensersatz wegen jeder schuldhaft mangelhaften Lieferung zu fordern? Aber inzwischen geht seine ganze Wirthschaft zu Grunde. Sollte es ihm verwehrt sein, von dem ganzen Vertrage zurückzutreten? Wer ist nicht geneigt, ihm dieses Recht zu gewähren, ja sogar nach seiner Wahl auch Schadensersatz wegen Nichterfüllung des ganzen Vertrages in dem Sinne, wie er dem § 326 B.G.B. zu Grunde liegt, und jetzt vom Reichsgericht (Bd. 50 S. 262) zutreffend fixirt ist?

Der Besitzer einer Badeanstalt hat einen Kohlenlieferungsvertrag geschlossen, wonach der Kohlenhändler dem Besitzer der Badeanstalt während des ganzen Sommers täglich eine Quantität Kohlen zu liefern hat. Die Lieferung beginnt im April, drei Wochen hintereinander fallen die Kohlen schlecht aus, die Badeanstalt kann bei solcher Kohlenlieferung nicht in ordnungsmäßigem Betrieb erhalten werden. Soll der Besitzer der Badeanstalt nicht berechtigt sein, von dem Vertrage zurückzutreten oder Schadensersatz wegen Nichterfüllung des Vertrages zu wählen, sondern immer nur die tägliche Kohlenlieferung zu bemängeln?

Eine Aktiengesellschaft befindet sich im Besitze einer Erfindung betreffend einen neuen Brenner, eine andere im Besitze eines Betriebsgeheimnisses betreffend die Herstellung eines neuen Cylinders, der das Licht intensiver macht. Sie schließen einen Vertrag auf mehrere Jahre, wonach jede Gesellschaft der anderen ihren Artikel zu liefern hat und jede der beiden Gesellschaften sich verpflichtet, die Artikel der anderen nicht nach dem Auslande zu liefern, um die Erlangung von Patenten im Auslande dadurch nicht zu erschweren. Die eine Gesellschaft fehlt fortgesetzt gegen die letztere Verpflichtung und trotz eindringlicher Verwarnung. Sollte es keine Möglichkeit geben, auf Grund dieser positiven Vertragsverletzungen von dem ganzen Vertrage zurückzutreten, sondern bestenfalls nur das Recht bestehen, Schadensersatz wegen jeder einzelnen Vertragsverletzung zu verlangen auf Grund unseres oben aufgestellten Rechtsgrundsatzes? Wäre die vertragsuntreue Aktiengesellschaft mit der Lieferung ihrer

Artikel im Verzuge, so wäre das Rücktrittsrecht auf Grund des § 326 B.G.B. gegeben. Hier, wo es sich um eine Vertragsverletzung von mindestens gleicher Tragweite handelt, sollte es nicht gegeben sein?

Es kauft jemand zur succesiven Abnahme einen größeren Posten Waare, der Verkäufer verpflichtet sich, zwei Jahre hindurch solche Waaren an keinen anderen Händler in dem betreffenden Bezirk zu verkaufen. Er thut es gleichwohl. Giebt es nur einen Anspruch auf Schadensersatz? Und zur weiteren Abnahme und Bezahlung der Waare wäre der Käufer trotz jener Vertragsverletzung verpflichtet, bloß weil es eine positive Vertragsverletzung ist und daher die Verzugsparagraphen nicht passen?

Der Magistrat einer Stadt hat mit einem Gasanstaltsunternehmer einen Vertrag geschlossen, wonach dieser das Gasmonopol in der Stadt hat. Er liefert aber jahrelang mangelhaftes Gas. Muß sich die Stadt trotzdem gefallen lassen, daß der Unternehmer das Gas weiter liefert und ist sie nur auf Schadensersatz wegen mangelhafter Lieferung angewiesen unter Zugrundelegung unseres oben aufgestellten Rechtsgrundsatzes? Oder soll ihr nicht vielmehr unter Ablehnung der Annahme jeder weiteren Erfüllung das Rücktrittsrecht vom Vertrage gewährt werden? Aber worauf, wenn letzteres gewährt wird, stützt sich dieses Recht? Ich habe die Akten eines solchen Prozesses gelesen. Drei rechtsgelehrte Schiedsrichter haben ihn entschieden. Sie haben der Stadtgemeinde das Rücktrittsrecht gewährt. „Zweifelsohne" stehe es ihr zu, denn „offenbar" brauche sie sich derartige fortgesetzte Vertragsverletzungen nicht gefallen zu lassen, es könne ihr nicht „zugemuthet" werden, mit einem solchen Kontrahenten den ganzen Vertrag auszuhalten. Die

Erwägungen sind vom menschlichen Standpunkte zutreffend, allein — mir fehlt der Rechtsgrund.

Die Beispiele können mannigfach vermehrt werden. Die obigen sind unmittelbar dem Rechtsleben entnommen. Das erste bildet den Gegenstand der reichsgerichtlichen Entscheidung vom 17. Dezember 1901 (Deutsche Juristen-Zeitung Bd. 7 S. 118). Die anderen Fälle sind sämmtlich meiner Praxis entlehnt. In allen diesen Fällen sagt das natürliche Rechtsgefühl: Ganz selbstverständlich muß der vertragstreue Theil das Recht haben, vom Vertrage zurückzutreten; es kann ihm nicht zugemuthet werden, mitanzusehen und abzuwarten, wie der vertragsverletzende Theil ihn weiterhin fortgesetzt verletzt. Aber man wird stutzig, wenn man diese Entscheidung rechtlich begründen soll.

Sehr einfach wäre die Lösung, wenn man mit Goldmann und Lilienthal oder mit Schöller eine Unmöglichkeit der Erfüllung im Sinne des B.G.B. für verliegend erachten könnte. Denn dann würde hieraus nicht bloß nach § 280 B.G.B. die Pflicht zum Schadensersatz wegen der einzelnen Vertragsverletzung, sondern nach § 325 B.G.B. auch das Recht auf Schadensersatz wegen Nichterfüllung des ganzen Vertrages oder auf Rücktritt folgen. Aber gegen diese Annahme sprechen alle die Gründe, die wir oben angeführt haben. Der Kohlenhändler, der schlechte Kohlen liefert, befindet sich vielleicht gar nicht im Zustande der Unmöglichkeit der Erfüllung, er kann vielleicht auch gute Kohlen liefern, er hat gute und schlechte Waare auf Vorrath, aber er bedient die betreffende Badeanstalt schlecht und liefert ihr aus Nachlässigkeit fortgesetzt schlechte Waare. Wie kann man da von Unmöglichkeit der Erfüllung sprechen? Höchstens könnte man von „zeitweiser Unmöglichkeit“ sprechen, weil er nach Ablauf des Tages, an welchem er schlechte

Kohlen geliefert hat, an diesem Tage nicht mehr gute Kohlen liefern kann. Aber ich habe oben dargethan, daß diese zeitweise Unmöglichkeit unserem Gesetzgeber unbekannt ist, wie schon der Rechtsbegriff des Verzuges beweist, der ja nichts weiter wäre, als eine „zeitweise Unmöglichkeit". Oder man müßte mit Schöller annehmen, daß, wer schlechte Kohlen liefert, damit seiner Pflicht, schlechte Kohlenlieferung zu unterlassen, zuwidergehandelt und jene Unterlassung ihm daher unmöglich geworden ist. Doch haben wir oben gezeigt, wie diese gewaltsame Prokrustesauslegung in das Bett des B.G.B. nicht paßt.

Aber wie ist anders zu helfen? Oder ist nicht zu helfen? Muß der Verkehr verzichten auf das Recht des Rücktritts in jenen Fällen? Ist die Rechtswissenschaft zu arm, um ein solches Recht zu begründen?

Sie ist dazu nicht zu arm. Kann sie es nicht unmittelbar aus dem Gesetze entnehmen, so kann sie es doch mittelbar mit Hilfe des Gesetzes begründen. Denn es giebt ja noch das Rechtsinstitut der Analogie. „Soweit die Rechtsprechung nicht unmittelbar ihre Entscheidungen aus den Gesetzen selbst herleiten kann, wird sie, wie im bisherigen Recht, die Analogie zu Hilfe nehmen, d. h. sie hat auf die Grundprinzipien unseres Gesetzes oder einer Mehrheit von Gesetzen oder der Gesammtheit der Gesetzgebung zurückzugehen und nach denselben nicht besonders geregelte Fälle zu entscheiden." (Worte Dernburg's im Bürgerlichen Recht Band I S. 79; vergl. R.G. 24 S. 50; Kipp bei Windscheid 1 S. 22 Anm. 8). Gelangen wir im Wege der Analogie zu einem die Bedürfnisse des Verkehrs befriedigenden Ergebnisse, so ist dies ein in den Gesetzen begründetes Ergebniß. Denn die Analogie ist vom Gesetze gestattet und gewollt.

Hier werden wir die Analogie des § 326 B.G.B. zu Hilfe nehmen. Wie dort, wenn der Verpflichtete schuldhaft unterläßt, was er thun soll, ein Wahlrecht zwischen Rücktritt und Schadensersatz wegen Nichterfüllung des ganzen Vertrages gegeben ist, so ist man wohl berechtigt, analog ein solches Wahlrecht auch dann zu gewähren, wenn eine Vertragspflicht durch positives Thun verletzt wird. Denn der Rechtsgedanke ist der gleiche und auch die Verkehrsinteressen erheischen die gleiche Regelung, wie dies oben eingehend dargelegt ist. Freilich wird man dieses Recht nicht gewähren bei jeder positiven Rechtsverletzung, sondern nur bei solchen Pflichtverletzungen, durch welche wesentliche Vertragspflichten verletzt werden. Wer positive Rechtsverletzungsakte vornimmt, welche die Erreichung des Vertragszweckes gefährden, muß sich gefallen lassen, daß die Rechtsfolgen dieser Pflichtverletzungen ebenso beurtheilt werden, wie die Pflichtverletzungen Desjenigen, der durch sein negatives Verhalten, durch schuldhafte Verzögerung der geschuldeten Leistung die Erreichung der Vertragszwecke gefährdet. Denn das ist der gesetzgeberische Gedanke, der dem § 326 B.G.B. zu Grunde liegt. Er ist es, der bei theilweisem Verzuge, z. B. bei successiven Lieferungsgeschäften, das Recht gewähren läßt, auch für die Zukunft die Erfüllung abzulehnen, wenn auch nur eine Rate Gegenstand des Verzuges ist.

Werden also wesentliche Vertragspflichten verletzt, oder anders formulirt: begeht der eine Theil durch positive Handlungen Vertragsverletzungen, welche die Erreichung des Vertragszweckes gefährden, so entspricht es der Gerechtigkeit und den Regeln der Jurisprudenz, wenn dem vertragstreuen Theile nicht zugemuthet wird, abzuwarten, bis der andere Theil durch Fortsetzung der Rechtsverletzung den Vertragszweck vollständig vereitelt, sondern wenn ihm auf Grund des rechtsverletzenden und den Vertragszweck gefährdenden Verhaltens des andern Theils ein Recht auf Schadensersatz wegen Nichterfüllung des ganzen Vertrages oder auf Rücktritt (unter analoger Anwendung des § 326 B.G.B.) gewährt wird.

Freilich wird sich die Ausübung dieses Rechts nicht genau nach § 326 B.G.B. richten können. Es wird nur eine „entsprechende Anwendung" dieses Paragraphen möglich sein. Dort im § 326 B.G.B. ist regelmäßig vorausgesetzt, daß nach Eintritt des Verzuges eine Frist gesetzt und die Ablehnung der Erfüllungsannahme angedroht wird. Das wird hier regelmäßig wegfallen. Die Natur der Sache paßt darauf nicht. Denn die positive Vertragsverletzung bricht unerwartet herein, der Unterlassung kann ein Ziel und darum auch eine Frist gesetzt werden. Unter Umständen wird aber eine positive Vertragsverletzung erst dann erheblich sein, erst dann die Erreichung des Vertragszweckes gefährden, und demgemäß erst dann zur Ausübung der hier gewährten Rechte berechtigen, wenn eine Warnung, eine Aufforderung, Vertragsverletzungen dieser Art künftighin zu unterlassen, vorangegangen ist. Wird das Prinzip erst als richtig anerkannt, so wird die Anwendung im Einzelnen nicht auf Schwierigkeiten stoßen.

Folgt man unseren Ausführungen, so ist dem Verkehr gedient. Jener Gastwirth, dem die Brauerei fortgesetzt schlechtes Bier liefert, kann vom Vertrage zurücktreten oder er kann auch Schadensersatz wegen Nichterfüllung des ganzen Vertrages wählen, d. h. er kann fortan die Annahme der Bierlieferungen ablehnen und Schadensersatz dafür verlangen, daß er in diese Lage gekommen ist. Wenn er also z. B.

nunmehr anderweit einen Bierlieferungsvertrag unter ungünstigeren Bedingungen abschließt oder eine Zeit lang sein Lokal schließen muß, alles das muß, wenn er Schadensersatz wegen Nichterfüllung gewählt hat, die Brauerei ihm ersetzen.

Auch beim successiven Lieferungsgeschäft ist, wenn unser Grundsatz gebilligt wird, ein dringendes Verkehrsbedürfniß befriedigt. Der Kaufmann, der Waaren zur successiven Lieferung bestellt und die ersten Posten in mangelhafter Ausführung geliefert erhält, fühlt sich wenig befriedigt, wenn ihm der Anwalt erklärt, er habe in solchem Falle nicht das Recht, vom ganzen Schlusse zurückzutreten; er müsse vielmehr den weiteren Lieferungen entgegensehen und könne nur jeden einzelnen gelieferten Posten untersuchen und rügen und zur Verfügung stellen, allenfalls, wenn unser oben gewonnener Grundsatz vom Schadensersatz bei schuldhafter Pflichtverletzung gebilligt wird, Schadensersatz wegen mangelhafter Erfüllung jeder einzelnen Rate verlangen. Ja wenn der Lieferant mit einem einzigen Posten im Verzuge wäre, so wäre das etwas Anderes. Der Verzug bei einem Theile der Lieferung berechtige zum Rücktritt vom ganzen Schlusse. Aber bei mangelhafter Lieferung gelte das nicht. Hier sage im Gegentheil der § 469 B.G.B., daß theilweise mangelhafte Lieferung nur zur Wandlung wegen des mangelhaften Theiles berechtige. Kopfschüttelnd hört das der Kaufmann. Er hat seinerseits die Waare anderweit zu liefern. Aber er kann sie, da er die Waare als mangelhaft erkannt, seinen Kunden nicht liefern, und er kann daraufhin auch keine weiteren Abschlüsse machen. Er kommt also, soweit er schon Abschlüsse gemacht hat, in Verzug, muß sich gefallen lassen, daß man ihm gegenüber zurücktritt oder Schadensersatz wegen Nichterfüllung von ihm verlangt, während er ein solches Recht gegenüber seinem Lieferanten nicht hat, da dieser ja liefert, wenn auch mangelhaft.

Auch kann er weitere Abschlüsse auf Grund der noch ausstehenden Posten nicht machen, denn er muß gewärtigen, daß auch die künftigen Lieferungen von derselben schlechten Beschaffenheit sein werden, und er käme dann seinerseits weiter in Verzug. Wird aber unser Rechtsgrundsatz gebilligt, so liegt schuldhafte Verletzung des Vertrages vor und diese giebt außer den ädilizischen Rechtsmitteln auch noch den Anspruch auf Schadensersatz und außerdem noch in Analogie des § 326 B.G.B. einen Anspruch auf Schadensersatz wegen Nichterfüllung des ganzen Vertrages oder auf Rücktritt.

Einen leichten Ansatz zur Aufstellung eines solchen Rechtsgrundsatzes hatte ich bereits in Anm. 146 zu § 377 meines Kommentars zum H.G.B. gemacht, aber dort erst schüchtern und ohne Begründung. Ich habe dort gesagt, daß der Käufer vom successiven Lieferungsgeschäfte zurücktreten kann, wenn ein Theil mangelhaft geliefert wird, der andere Theil noch aussteht, und aus den Erklärungen des Lieferanten oder aus sonstigen Umständen hervorgeht, daß auch die weiteren Lieferungen in gleicher Mangelhaftigkeit ausfallen würden. Wie gesagt, ich hatte dort diesen Satz noch nicht begründet. Jetzt halte ich meine Anmerkung im Kommentar aufrecht und liefere gewissermaßen die Begründung nach.

Mit dem § 469 B.G.B. tritt diese Anschauung nicht in Widerspruch. Nach diesem Paragraphen giebt die Mangelhaftigkeit eines Theiles nur das Recht zur theilweisen Wandlung. Der § 469 behandelt aber lediglich, wie alle Vorschriften über die Gewährleistung, den Fall, wo aus dem Mangel der

Sache Rechte hergeleitet werden, also den reinen Fall der ädilizischen Mängel, wie dies schon im Eingange ausgeführt. ist. Bei schuldhaft mangelhafter Erfüllung von Verträgen sind eben weitere Rechte zu gewähren.

Noch ein Wort über theilweise Vertragsverletzungen. Erfüllt der eine Theil zunächst vertragsmäßig, verletzt er späterhin aber den Vertrag durch rechtswidrige positive Handlungen, so greift analog der § 326 Abs. 1 Satz 3 bezw. § 325 Abs. 1 Satz 2 B.G.B. Platz, d. h. das Recht zum Rücktritt oder zum Schadensersatz wegen Nichterfüllung bezieht sich regelmäßig nur auf den noch nicht erfüllten Theil des Vertrages. Ausnahmsweise aber, wenn die bisherige Erfüllung allein kein Interesse für den vertragstreuen Theil hat, kann er jene Rechte auf den ganzen Vertrag erstrecken.

Der vertragstreue Theil hat hiernach bei positiven Vertragsverletzungen ein dreifaches Wahlrecht wie beim Verzuge: er kann beim Vertrage stehen bleiben und Schadensersatz wegen jeder einzelnen Vertragsverletzung fordern; er kann aber auch Schadensersatz wegen Nichterfüllung des Vertrages unter Ablehnung der Annahme jeder weiteren Vertragsleistung verlangen; er kann endlich vom Vertrage zurücktreten.

Von großem Interesse wäre es, wenn der oberste Gerichtshof recht bald zu dieser Frage Stellung nähme. In einem Fall war er in dieser Lage. Das Reichsgericht hat aber jene Frage nicht prinzipiell gelöst, sondern jenen Rechtsstreit durch Erwägungen entschieden, welche dem konkreten Fall entnommen waren. Es handelte sich um jenen Bierlieferungsvertrag, den wir oben als erstes Beispiel erwähnten. Der Fall ist behandelt in der Entscheidung des Reichsgerichts vom 17. Dezember 1901 (Deutsche Juristen-Zeitung Band 7 S. 118) und zwar mit folgender Begründung:

„Bei solchem Vertrage ist das Fortkommen des Wirths von der ordnungsmäßigen Lieferung abhängig und eine schlechte Lieferung schließt nicht nur für die Zeit, in der er auf sie angewiesen ist, einen erfolgreichen Wirthschaftsbetrieb aus, sondern ist auch durch die Einwirkung auf die Kundschaft dauernd zu schädigen geeignet. Es hat deshalb als selbstverständlich bedungen zu gelten, daß fortgesetzt gut zu liefern und andernfalls der Rücktritt gestattet sei."

Allein diese Begründung befriedigt aus mehrfachen Gründen nicht:

Sie stützt sich auf die Auslegung des konkreten Falles, auf Erwägungen, die dem Einzelfall entnommen wurden. Sie giebt dem Rechtsleben nicht die feste Stütze, die in der Aufstellung eines allgemeinen Rechtssatzes liegt. Ueberdies ist es sehr weit, fast zu weit gehend und deshalb äußerst gewagt und mißlich, im Wege der Auslegung ein Recht auf Aufhebung des Vertrages als von den Parteien gewollt anzunehmen, ein Recht, an welches die Parteien nicht im Entferntesten gedacht haben. Wer weiß, ob man sich hier überhaupt noch auf zulässigen Pfaden der Auslegung bewegt? Jedenfalls bewegt man sich hart am Rande der Zulässigkeit und jedenfalls ist eine Konstruktion vorzuziehen, die wie die unserige auf einem Wege, an dessen Zulässigkeit nicht zu zweifeln ist, nämlich auf dem Wege der Analogie, zu einem festen Rechtssatze führt.

Der Weg der Willensauslegung versagt auch überall da, wo nach der Sachlage die Annahme ausgeschlossen ist, daß der beiderseitige Wille darauf gegangen ist. Man denke an die Fälle, in denen die Parteien daran gedacht haben, jenen Fall durch ausdrückliche Abrede zu regeln, wo sie über diesen Punkt verhandelt haben, sich aber über diesen Punkt nicht einigen konnten und es deshalb vorgezogen haben, diesen Punkt ungeregelt zu lassen und sich dem zu unterwerfen, was sich für diesen Fall aus dem Gesetze ergiebt.

Und endlich läßt jener Ausweg auch immer dann im Stiche, wenn die Sachlage nicht die Gewährung eines Rücktritts, sondern eines Anspruchs auf Schadensersatz wegen Nichterfüllung in Anlehnung an § 326 B.G.B. als Anforderung der Gerechtigkeit ergiebt. Beim Rücktritte müssen beide Theile alles zurückgewähren, was sie sich gegenseitig geleistet haben, und kein Theil hat den anderen zu entschädigen. Diese Konsequenz widerspricht hier ebenso häufig der Gerechtigkeit, wie im Falle des Verzuges, und doch werden selbst die eifrigsten Verfechter der Auslegungskonstruktion soweit nicht gehen, daß sie sagen werden, auch dieses Recht auf Schadensersatz wegen Nichterfüllung unter Ablehnung jeder künftigen Erfüllung ohne besondere hierfür bestehende Anhaltspunkte sei im Wege der Auslegung zu gewinnen.

Unsere Konstruktion ist hiernach der des Reichsgerichts vorzuziehen, weil die letztere gesucht, beinahe willkürlich ist; weil sie nicht zu einem festen Rechtssatze führt; weil sie versagt, wo nach der Sachlage die Annahme ausgeschlossen ist, daß der übereinstimmende Wille auf Gewährung eines solchen Rechts gegangen ist; und weil sie endlich darauf verzichten muß, einen Anspruch auf Schadensersatz wegen Nichterfüllung zu gewähren, auch wenn dieser der Gerechtigkeit allein entspricht, während unsere Theorie in ungesuchter Weise zu einem festen Rechtssatze gelangt, der immer zu befriedigendem Ergebnisse führt und nie versagt.

Das Reichsgericht hat ja auch sein letztes Wort noch nicht gesprochen. Wer wollte es ihm verdenken, daß es davon Abstand nahm, einen allgemeinen Rechtssatz aufzustellen, wenn es durch die Auslegung der konkreten Vereinbarung ein der Gerechtigkeit entsprechendes Ergebniß fand? Aber auf die Dauer wird die Praxis nicht umhin können, zu dem von mir aufgestellten Rechtssatze Stellung zu nehmen.

Zur

Vorbereitung

des

Strafgesetzentwurfs.

Von

Dr. Franz v. Liszt,

Geh. Justizrath, Professor an der Universität Berlin.

Ueber die Aufgabe, die, der bevorstehenden Umgestaltung unserer Strafgesetzgebung gegenüber, den Berathungen des Deutschen Juristentages gestellt ist, wird sich, nach den bisher in die Oeffentlichkeit gedrungenen Aeußerungen, eine Verständigung unschwer erzielen lassen. Mit dieser durch die körperschaftliche Thätigkeit des Juristentages zu leistenden Vorarbeit ist aber die breite und sichere Grundlage noch lange nicht geschaffen, auf der allein der Neubau unseres Strafgesetzbuchs mit Aussicht auf dauernden Bestand aufgeführt werden kann. Weitere Vorarbeiten von wesentlich anderer Art werden hinzutreten müssen; mit der amtlichen Arbeit unserer leitenden Stellen wird die freie Forschung der deutschen Wissenschaft Hand in Hand zu gehen haben. Wenn wir den Feind nicht kennen, den wir mit unserer Strafgesetzgebung bekämpfen wollen; und wenn uns die Technik der Waffen nicht geläufig ist, mit denen wir diesen Kampf zu führen unternehmen — dann haben wir kein Recht, auf den Sieg zu hoffen.

Auf zwei Reihen von Untersuchungen möchte ich daher in diesen Tagen, in denen die Juristen des ganzen deutschen Reichs in Berlin zum ersten Mal die Umgestaltung des deutschen Reichsstrafgesetzbuchs erfolgessicher und arbeitsbereit in ernste Berathung nehmen, die Aufmerksamkeit der betheiligten Kreise lenken. Die eine von ihnen fällt in das

Gebiet der Kriminalstatistik, die andere in das der Rechtsvergleichung. Beide müssen unverzüglich in Angriff genommen werden, wenn die Aufstellung des neuen Entwurfs nicht, sei es schon in ihrem Beginn, sei es in ihrer Fortführung, mehr als nöthig verzögert werden soll.

I. Die kriminalstatistische Grundlage des Entwurfs.

I. Wie der Einzelne auch zu den Fragen nach Rechtsgrund und Zweck der Strafe sich stellen mag — in dem einen Satze begegnen sich doch alle Meinungen: daß die Strafe eine der Waffen sein soll, die dem Staate in seinem Kampf gegen das Verbrechen zur Verfügung gestellt werden. Und daraus folgt mit logischer Nothwendigkeit, daß der Gesetzgeber, der mit der Strafe das Uebel der Kriminalität an seiner Wurzel treffen will, die Kriminalität nicht nur in ihrer äußeren Erscheinung, sondern auch in ihren tiefer zurückliegenden, inneren Ursachen kennen muß. Ohne eine wissenschaftlich begründete Aetiologie des Verbrechens ist eine erfolgreiche Kriminalpolitik nicht möglich.

Von dieser wissenschaftlichen Erkenntniß der Faktoren, die auf die Gestaltung und Entwicklung der Kriminalität entscheidenden Einfluß üben, sind wir aber heute noch ebensoweit entfernt wie etwa im Jahre 1870.

Es ist unerläßlich, sich diese Thatsache stets vor Augen zu halten; denn aus ihr ergiebt sich nicht nur die Einsicht, daß für die Umgestaltung der Strafgesetzgebung auch heute noch die feste Grundlage fehlt; sondern zugleich auch die Forderung, diese Grundlage zu beschaffen.

II. Die Kriminalstatistik hat eine zweifache Aufgabe: sie soll die Kriminalität nicht nur beschreiben, sondern auch sie erklären.

Als beschreibende Wissenschaft hat sie die Kriminalität unserer Tage zahlenmäßig darzustellen. Vollständigkeit und Zuverlässigkeit des in den statistischen Tabellen niedergelegten Beobachtungsstoffes, reiche Gliederung und anschauliche Darstellung des Urmaterials: das ist das anzustrebende Ziel. Unsere Reichskriminalstatistik hat dieses Ziel stets vor Augen gehabt; und sie ist ihm näher gekommen als irgend eine amtliche Statistik eines andern Staates. Daß auch sie es nicht völlig zu erreichen vermochte, liegt in der Natur der Dinge.

Als erklärende Wissenschaft aber soll die Kriminalstatistik die von ihr beobachteten und dargestellten Erscheinungen auf ihre zureichende Ursache zurückführen; sie soll das Problem der Kriminalität kausal stellen und lösen, die Aetiologie des Verbrechens liefern.

Und hier scheint mir auch die Grenzlinie zu Tage zu treten, die zwischen der amtlichen und der wissenschaftlichen Thätigkeit auf kriminalstatistischem Gebiet grundsätzlich gezogen werden muß. Die systematische Massenbeobachtung selbst, also die Sammlung und Darstellung des Urmaterials, sowie die Herausgabe des Tabellenwerks und seine Erläuterung geht über die Kräfte des Einzelnen hinaus; hier muß der staatliche Verwaltungsapparat eingreifen. Die kausale Betrachtung aber, die Verarbeitung und Verwertung des durch die Massenbeobachtung gewonnenen Materials ist Sache des einzelnen Forschers; hier hat die freie, rein wissenschaftliche Thätigkeit einzusetzen.

Diese Grenzlinie kann aber nicht immer und darf nicht immer streng festgehalten werden. Privat-Enquêten haben auf volkswirthschaftlichem Gebiet werthvolles statistisches Material zusammengetragen; sie würden auch die amtliche Kriminalstatistik nach den verschiedensten Richtungen hin wesentlich zu ergänzen vermögen. Und umgekehrt finden sich fast in jedem Bande unserer Reichskriminalstatistik Untersuchungen über den Zusammenhang der Kriminalität mit anderen Verhältnissen und Bethätigungen unseres gesellschaftlichen Lebens, werthvolle Ansätze also zur kausalen Erklärung.

Ein solches Zusammenwirken von amtlicher Thätigkeit und freier Forschung wird auch gar nicht entbehrt werden können, soll das Problem ausreichende Erörterung und vollständige Lösung finden. Denn auch die umfassendste und eindringendste Statistik bedarf der Ergänzung durch systematische Einzelbeobachtung. Kausale Zusammenhänge vermag nur die Beobachtung des Einzelfalls einwandfrei nachzuweisen; und diese geht über die Aufgabe und über die Kräfte der statistischen Aemter hinaus.

An einem solchen Zusammenwirken aber fehlt es; und das ist der Grund, weshalb wir bis zum heutigen Tage eine wissenschaftliche Aetiologie der Kriminalität nicht haben und daher mit unserer Kriminalpolitik im Dunkeln tappen.

III. Nicht die an der Reichskriminalstatistik betheiligten Reichsämter sind es, die an dieser Thatsache die Schuld tragen. Unermüdlich haben sowohl das Reichsjustizamt wie das kaiserliche Statistische Amt es unternommen, auf die Fragen der Kriminalpolitik Auskunft zu suchen und die Wissenschaft zu neuen Untersuchungen anzuregen. Von besonderem Interesse ist gerade in dieser Beziehung der jüngst erschienene Erläuterungsband zu dem Tabellenwerke des Jahres 1899 (Statistik des Deutschen Reichs, Neue Folge, Bd. 132).

Nachdem die Kriminalität der Jugendlichen, insbesondere auch in der Altersstufe von zwölf bis vierzehn Jahren, bereits wiederholt in früheren Jahrgängen eingehend erörtert worden ist, bildet hier das zweite von den großen kriminalpolitischen Problemen der Gegenwart, das gewerbsmäßige Verbrechen, den Gegenstand sorgfältigster Untersuchung. Freunde wie Gegner der Reformbewegung werden die Ausführungen des Verfassers mit lebhaftem Dank begrüßen; denn die Entscheidung der Frage, ob besondere Maßregeln gegen das gewerbsmäßige Verbrechen nothwendig sind und in welcher Richtung diese sich zu bewegen haben, kann doch erst dann mit Sicherheit beantwortet werden, wenn wir von dem Dasein, von der Gestaltung und Ausdehnung des gewerbsmäßigen Verbrechens sichere Kenntniß haben.

Diese Untersuchungen bieten zugleich aber auch methodologisch besonderes Interesse. Sie zeigen uns deutlich, daß unsere heutige amtliche Kriminalstatistik ihre Betrachtungen nicht über eine gewisse Grenze hinaus ausdehnen darf, will sie nicht Gefahr laufen, zu unzureichend begründeten oder geradezu unrichtigen Ergebnissen zu gelangen. Es sei mir gestattet, das näher darzulegen.

Das negative Ergebniß, zu dem die Untersuchungen des Reichsjustizamts über das gewerbsmäßige Verbrechen gelangen, hat wohl nicht blos mich verblüfft. Ich hebe dieses Ergebniß noch einmal hervor. Schon die Betrachtung der Vorbestraften legt den Schluß nahe (so lesen wir I 32), „daß das eigentliche gewerbsmäßige Verbrechen an dem Wachsthum der Verurtheilungen Vorbestrafter nicht erheblich betheiligt sein kann. Vielmehr wird das Wachsthum und damit die Steigerung der Kriminalität überhaupt vor Allem darauf zurückzuführen sein, daß die Rohheitsdelikte und namentlich die von vorbestraften Personen begangenen Körperverletzungen sich mehren." Auch wenn wir die Deliktsarten ins Auge fassen, bei denen die gewerbsmäßige Begehung zum Thatbestand gehört oder doch einen Strafschärfungsgrund bildet, zeigt sich (I 34), „daß das eigentliche gewerbsmäßige Verbrechen innerhalb der Gesammtkriminalität nicht sehr ins Gewicht fällt und auch auf die Steigerung dieser Kriminalität erheblichen Einfluß nicht ausgeübt hat". Dieses negative Ergebniß soll endlich bestätigt werden durch die Untersuchung derjenigen Arten von strafbaren Handlungen, bei denen der Rückfall nach besonderer gesetzlicher Vorschrift einen Strafschärfungsgrund bildet. Beim Raub spielt die Gewerbsmäßigkeit (die bei wiederholtem Rückfall angenommen wird) kaum irgend eine Rolle; bei Diebstahl und Hehlerei fällt die Zunahme der Verurtheilungen wegen gewerbsmäßiger Begehung nicht ins Gewicht; und selbst beim Betrug, bei dem die Verurtheilungen nach mehr als drei Vorbestrafungen von 1882 bis 1896 auf das Vier- bis Fünffache angewachsen sind, ist diese Zunahme im Verhältniß zur Steigerung der allgemeinen Kriminalität nicht erheblich.

Mir scheint diese ganze Beweisführung verfehlt. Den Zählkarten der Reichskriminalstatistik ist hier eine Aufgabe zugemuthet, die sie gar nicht erfüllen können.

Die spezifische Rückfallsschärfung bei Diebstahl, Raub, Hehlerei und Betrug kann zur Beweisführung überhaupt nicht herangezogen werden. Denn einmal bleiben dabei die ausländischen Vorstrafen außer Betracht, ein Punkt, auf den die „Erläuterungen" selbst aufmerksam machen. Dann aber ist die Auswahl der die Schärfung bedingenden Vorverurteilungen so willkürlich, so unpraktisch, daß in den ausgesprochensten Fällen gewerbsmäßiger Kriminalität die Rückfallsschärfung dennoch ausgeschlossen sein kann und thatsächlich meist auch ausgeschlossen ist.

Aber auch mit den Deliktsarten, bei denen die Gewerbsmäßigkeit selbst Thatbestandsmerkmal oder Strafschärfungsgrund ist, läßt sich nichts anfangen. Die Auswahl dieser Fälle durch den Gesetzgeber entbehrt des einheitlichen Grundgedankens; die meisten der einschlagenden Deliktsarten (man denke an den Wucher) entziehen sich überhaupt in der übergroßen Mehrzahl der Fälle der gerichtlichen Feststellung; und die ganze große Masse der gesellschaftlichen Parasiten, die Bettler und Landstreicher, die Müßiggänger und Trunkenbolde, die Dirnen und Zuhälter — sie sind ja überhaupt in dem berücksichtigten Material gar nicht enthalten. Wie will man auf eine solche Grundlage irgend welche Folgerungen stützen?! Der schwerste Fehler der „Erläuterungen" aber liegt in der Gegenüberstellung der Vermögensdelikte und der Roheitsverbrechen. Woher weiß man denn, daß die mehrfach vorbestraften Messerhelden dem gewerbsmäßigen Verbrecherthum nicht angehören? Die Zählkarte enthält ja doch nur die letzte Strafthat; von den früheren meldet sie nichts weiter als die Thatsache der Verurtheilung. Und dennoch soll aus der Zunahme der Vorstrafen bei Roheitsverbrechen gefolgert werden, daß das gewerbsmäßige Verbrechen nicht zugenommen habe?!

Der Nachweis also, daß das gewerbsmäßige Verbrechen innerhalb der deutschen Kriminalität nicht erheblich ins Gewicht falle, ist nicht erbracht. Das schließt ja nicht aus, daß die behauptete Thatsache dennoch richtig sein kann. Aber um das festzustellen, bedarf es anderer Erkenntnißquellen, als sie heute dem Reichsjustizamte zur Verfügung stehen.

Gerade hier aber kann und soll die systematische Einzeluntersuchung ergänzend eingreifen. Und zwar ist es in erster Linie die Gefängnißverwaltung (mit Einschluß der Verwaltung der Arbeitshäuser und der Zwangserziehungsanstalten), die dazu berufen wäre, das zu ihrer Verfügung stehende reiche Material zu verwerthen. Die vom dem preußischen Ministerium des Innern seit einer Reihe von Jahren angestellten Erhebungen können in dieser Beziehung als mustergiltig angesehen werden. Für das Reichsjustizamt aber ergiebt sich daraus die Aufgabe, die Gefängnißverwaltungen der deutschen Einzelstaaten zu gleichmäßigen Erhebungen zu veranlassen, um den Umfang und die Gestaltung des gewerbsmäßigen Verbrecherthums im Deutschen Reiche festzustellen.

Es genügt mir an diesem Orte, auf die Zweckmäßigkeit und Nothwendigkeit einer solchen Ergänzung an der Hand einer besonderen Frage hingewiesen zu haben. Die Verallgemeinerung meiner Forderung ergiebt sich von selbst.

Neben die systematische Massenbeobachtung, also die Statistik, muß die systematische Einzelbeobachtung treten. Nur diese vermag uns über die individuelle Gestaltung der verbrecherischen Laufbahn, über Ursache und Zeitpunkt des socialen Schiffbruchs, über die grundlegende Unterscheidung von akuter und chronischer Kriminalität sowie endlich über die Sonderstellung aufzuklären, die innerhalb der chronischen Kriminalität dem gewerbsmäßigen Verbrechen zukommt. Diese Einzelbeobachtungen anzustellen, wäre eine der lohnendsten Aufgaben der Gefängnißverwaltung.

IV. Hinter den Leistungen unserer Reichskriminalstatistik ist die deutsche Wissenschaft weit zurückgeblieben. Den vielfachen Anregungen, die ihr von jener Seite gegeben worden sind, hat sie keine Folge geleistet. Die wissenschaftliche Klarlegung der Faktoren, durch welche die eigenartige und wahrhaftig wenig erfreuliche Entwicklung der Kriminalität im Deutschen Reiche bestimmt wird, ist noch gar nicht begonnen worden. Einzelne Ausnahmen bestätigen die Regel. Die führenden Meister der klassischen kriminalistischen Schule haben für die Erforschung dieser Faktoren so gut wie gar nichts gethan. Was in dieser Richtung geleistet worden ist, geschah außerhalb des Bannkreises unserer juristischen Fakultäten.

Ich erhebe, indem ich das hier betone, keinen Vorwurf; ich stelle lediglich eine unbestreitbare Thatsache fest. Und die Erklärung für diese Thatsache liegt nahe genug. Solange man die Ursache des Verbrechens in der Schlechtigkeit des Verbrechers erblickte und von dessen „freiem Willen“ erwartete, daß er durch einen plötzlichen, aller kausalen Bedingtheit entrückten Entschluß die Schlechtigkeit in ihr Gegentheil verwandle: so lange konnte die Aetiologie über eine naive Behandlung der „Motive“ zum Verbrechen nicht hinauskommen. Aber auch die italienischen Kriminalanthropologen haben uns wenig über den Standpunkt der klassischen Schule hinausgebracht. Denn auch die Zurückführung des Verbrechens auf die „natürliche Anlage“ des Verbrechers ist nichts als eine vorsichtige, zugleich aber kurzsichtige Vermeidung der wissenschaftlichen Fragestellung. Nur daß Lombroso an die Stelle des blinden Optimismus, der seine klassizistischen Gegner kennzeichnet, die Hoffnungslosigkeit eines rein materialistischen Pessimismus setzte. Wenn der Lustmörder nur in der Tödtung des Opfers geschlechtliche Befriedigung zu finden vermag, so ist es kindliche Thorheit, zu erwarten, daß etwa durch geistlichen Zuspruch oder gutes Beispiel die sexuelle Perversion verscheucht werden könne. Aber als greisenhaftes Unvermögen muthet uns das Achselzucken des Psychiaters an: „Der Mann ist nun einmal nicht anders“. Wir wollen doch wissen, warum er so ist, und warum so viele Andere sind wie er; wir wollen wissen, warum solche Fälle, die früher ab und zu einmal sich ereignet haben, heute eine stehende Rubrik in unseren Tageszeitungen bilden; wir wollen wissen, warum — ich denke an einen in diesen Tagen abgeurtheilten Fall — das beginnende Jahrhundert dreizehnjährige Lustmörder zeitigt. Und wenn wir auf den Alkoholismus des Vaters und die Syphilis der Mutter verwiesen werden, so ist uns auch das kein Trost, sondern wir fragen weiter: warum denn in unseren Tagen die Fälle von Entartung auf erblicher Grundlage sich so erschreckend mehren?

Das Problem der Kriminalität deckt sich — nicht ganz, aber zum weitaus größten Theil — mit der Frage nach den gesellschaftlichen Faktoren des Verbrechens. Ich habe diese meine oft genug vertretene Ansicht hier nicht zu begründen oder auszuführen. Aber das will ich hier betonen, daß wir über diesen Einfluß der gesellschaftlichen Faktoren auch heute noch gar nichts wissen, was über platte Redensarten hinausginge.

Gewiß: die „wirthschaftlichen Verhältnisse“ spielen eine große, wohl die entscheidende Rolle. Aber welche wirthschaftlichen Verhältnisse? Das Deutsche Reich hat eine lange, wenn auch nicht ununterbrochene Periode eines beispiellos glänzenden wirthschaftlichen Aufschwunges erlebt, und gleichzeitig damit eine erschreckende Zunahme der Kriminalität. Wie hängt das zusammen? Die Lebenshaltung unserer arbeitenden Klassen hat sich unstreitig gehoben; sollte diese erfreuliche Thatsache in ursächlichem Zusammenhang mit dem Wachsthum der Roheitsverbrechen stehen? Wer sollte es wagen, das zu behaupten; wer es unternehmen, das zu beweisen! Die Wissenschaft bleibt die Antwort auf unsre Fragen schuldig. Und die Herren Elster, Lexis, Conrad und Löning, die Herausgeber des vielbändigen und vielseitigen Handwörterbuchs der Staatswissenschaften, scheinen von der Existenz des Problems selbst nicht einmal eine Ahnung zu haben. Oder vermag etwa die Wissenschaft uns darüber sichere Auskunft zu geben, welchen Einfluß die Getreidepreise, also auch die Lebensmittelzölle, auf die Gestaltung der Kriminalität ausüben?

Ich betone noch einmal: wir haben verschiedene kleinere Versuche, der Lösung des Problems näher zu kommen. Aber das interessirt mich hier gar nicht. Mir kommt es auf ein andres an: Es fehlt uns die wissenschaftliche Methode, mit der wir die Antwort auf die aufgeworfene Frage suchen und finden könnten. Und der erste Fehler unserer bisherigen Methode liegt darin, daß wir über das Rechnen mit den großen Durchschnittszahlen nicht hinausgekommen sind.

Wollen wir heute z. B. den Einfluß der Getreidepreise auf die Kriminalität untersuchen, so stellen wir in die eine Reihe den Jahresdurchschnitt der Getreidepreise für eine bestimmte Periode von Jahren, in die andre die entsprechenden Kriminalitätsziffern für das Deutsche Reich. Wollen wir ganz vorsichtig zu Werke gehen, so lösen wir die Ziffer der Gesammtkriminalität auf in die Durchschnitte für die vier großen Deliktsgruppen oder gar für die einzelnen Deliktsarten. Immer aber arbeiten wir mit dem Reichsdurchschnitt oder doch mit dem Durchschnitt für Preußen und die übrigen deutschen Einzelstaaten.

Und darin liegt der schwere methodische Fehler. Denn dieser Durchschnitt hat gar keinen realen Werth. Er setzt sich aus Tausenden von Einzelziffern zusammen, die aus ganz verschieden gearteten Gebietstheilen des Reichs genommen sind und daher in einem weiten Spielraum sich bewegen. Man denke etwa an den agrarischen Osten und den industriellen Westen. Welchen wissenschaftlichen Werth kann eine Untersuchung beanspruchen, die von der Annahme ausgeht, daß eine Aenderung der Getreidepreise hier denselben Einfluß ausübt, wie dort? Und der begangene Fehler wird um so größer, je weiter wir in der Unterscheidung nach Gruppen, Gattungen, Arten fortschreiten.

Dazu tritt ein Zweites. Bei jeder solchen Untersuchung isoliren wir einen einzelnen Faktor. Und doch ist die Gestaltung der Kriminalität durch eine ganze Reihe von Faktoren bestimmt, deren Einflüsse sich verbinden, sich steigern, sich durchkreuzen, sich hemmen, vielleicht sich aufheben. Angenommen, daß durch eine Erhöhung der Lebensmittelpreise die Lebenshaltung der arbeitenden Klassen herabgedrückt und dadurch die Tendenz zu krimineller Bethätigung verstärkt wird: kann nicht diese Wirkung ausgeglichen, ja geradezu in ihr Gegentheil verkehrt werden, wenn gleichzeitig durch einen Aufschwung der Industrie die Arbeitsgelegenheit vermehrt und der Arbeitslohn gesteigert wird?

Ist das Gesagte richtig — und ich kann mir nicht denken, daß die Berechtigung dieser Kritik bestritten werden könnte —, so ist damit zugleich auch der Weg gewiesen, auf dem die Wissenschaft zu brauchbaren Ergebnissen gelangen kann. Wir müssen für möglichst kleine, örtlich abgegrenzte Gebiete die sämmtlichen Faktoren untersuchen, die auf die Gestaltung der Kriminalität bestimmenden Einfluß ausüben.

Diese kleinen Gebiete sind uns gegeben in den preußischen Kreisen und den entsprechenden Bezirken der übrigen

Gliedstaaten des Deutschen Reichs. Die Erläuterungen zu dem Tabellenwerk für das Jahr 1899 enthalten für diese Gebiete die Durchschnittsziffern aus den Jahren 1893 bis 1897. Für frühere Perioden finden wir sie in den älteren Jahrgängen der Reichskriminalstatistik. Hier hat die wissenschaftliche Einzelforschung einzusetzen.

Aber auch hier muß die Arbeitsmethode erst gewonnen werden. Am besten werden zunächst einzelne Gebiete herausgegriffen, die durch irgend welche Eigenthümlichkeiten, etwa in Beziehung auf die Weiberkriminalität oder auf die Körperverletzungen u. s. w., von den benachbarten Gebieten günstig oder ungünstig sich abheben; oder aber es werden mehrere benachbarte Gebiete mit verschiedenartiger Kriminalität zum Gegenstande derselben Untersuchung gemacht.

Die Nachforschungen müssen unbedingt an Ort und Stelle selbst angestellt werden; am besten durch Jemanden, der das Gebiet aus eigener Erfahrung kennt und ausgebreitete persönliche Beziehungen besitzt oder anzuknüpfen versteht. Amtsrichter und Landrath, Fabrikbesitzer und Arbeiter, Pastoren und Lehrer müssen um Auskünfte, um Zahlen, um Meinungen und Rathschläge angegangen werden. Es muß doch auf diesem Wege z. B. festgestellt werden können, auf welche Umstände die auffallend starke Kriminalität der Weiber in Mannheim zurückzuführen ist. Faktoren, die in der Reichskriminalstatistik keinen Ausdruck finden, wie etwa die Eigenart oder die Zusammensetzung der Bevölkerung, werden dann zu Tage treten. Die einzelnen Einflüsse werden gesondert wie in ihrem Zusammenwirken erkennbar werden.

Die ersten derartigen Untersuchungen, für welche es an Vorbildern ja nicht völlig mangelt, werden nothwendig unsicher und tastend, unvollständig, vielleicht fehlerhaft sein.

Aber mit jeder neuen Untersuchung wird die Methode an Sicherheit gewinnen. Es wird allmählich möglich werden, ein systematisches Schema der Faktoren aufzustellen, auf welche jede einzelne Untersuchung sich zu erstrecken hat. Mit diesem Schema ist die anzustrebende Methode im Wesentlichen festgestellt.

Seit einer Reihe von Jahren bemühe ich mich, meine jungen Freunde für solche Arbeiten zu gewinnen; bis in die jüngste Zeit hinein vergebens. Und das läßt sich ja auch verstehen. Denn mag eine solche Arbeit auch ungleich höheren wissenschaftlichen Werth besitzen, als die landläufigen Dissertationen über längst erschöpfte dogmatische Fragen: es wird heute doch recht schwer halten, auf sie hin den juristischen Doktor zu machen. Und der Zopf einer eingebildeten Gelehrsamkeit wird nicht von heut auf morgen fallen.

Trotzdem bin ich in der Lage, demnächst eine Untersuchung über die Kriminalität in Meiningen veröffentlichen zu können, die nach dieser Methode angestellt ist. Sie hat alle die Schwächen eines ersten und noch dazu die eines recht flüchtigen Versuches. Aber sie zeigt, was ich meine. Und andere Untersuchungen werden hoffentlich in Kürze folgen.

Dann erst aber, wenn über die gesellschaftlichen Faktoren der Kriminalität volle Klarheit gewonnen ist, wird der Streit über das Verhältniß der Strafe zu den Vorbeugungsmitteln überhaupt, zu den ins Strafgesetzbuch aufzunehmenden Sicherungsmaßregeln insbesondere, entschieden werden können. Dann wird es wohl auch nicht mehr möglich sein, daß man z. B. aus der erschreckend schweren Kriminalität der zwischen zwölf und vierzehn Jahre alten Jugendlichen Gründe gegen die Heraufsetzung der Strafmündigkeitsgrenzen ableiten zu dürfen vermeint.

Gewinnung einer wissenschaftlichen Aetiologie der Kriminalität durch einheitliche Heranziehung der Gefängnißstatistik einerseits, durch monographische Behandlung einer Reihe von kleinen Bezirken anderseits: das wäre die eine der beiden Vorarbeiten zu dem künftigen Strafgesetzentwurf, die außerhalb des deutschen Juristentages unternommen werden müssen.

II. Die rechtsvergleichende Grundlage des Entwurfs.

I. Ueber meine Auffassung des Begriffs und der Aufgabe der Rechtsvergleichung habe ich mich in der „Einführung" zu dem 1. Bande unsrer „Strafgesetzgebung der Gegenwart" ausgesprochen. Ich halte auch heute an der damals vorgetragenen Ansicht fest. Nicht die Nebeneinanderstellung mehrerer Rechte ist Rechtsvergleichung. Auch nicht ihre Vergleichung schlechthin, d. h. die Hervorhebung des Gemeinsamen und des Verschiedenen. Sondern ihre Vergleichung im Hinblick auf ein Neues, Selbständiges, auf ein erst zu findendes, das von den einzelnen verglichenen Rechten grundsätzlich verschieden ist. Dieses Neue kann entweder gegeben sein in den aus der Geschichte erkennbaren Entwicklungsgesetzen des überlieferten Rechts oder aber, was hier allein in Frage kommt, in dem durch bewußte Neuschöpfung zu bildenden künftigen Recht.

„Die Gewinnung einheitlicher Grundgedanken für eine den Forderungen der Kriminalpolitik Rechnung tragende Strafgesetzgebung der Zukunft": das war die große Aufgabe, die sich das von der Internationalen Kriminalistischen Vereinigung begonnene Unternehmen gestellt hatte. Die Aufgabe, die ich hier im Auge habe, beschränkt sich auf die Gewinnung der Grundlagen für die deutsche Strafgesetzgebung der Zukunft. Aber die Methode der Lösung bleibt dieselbe.

II. Sollte es wirklich nothwendig sein, die Wichtigkeit rechtsvergleichender Untersuchungen als einer der Grundlagen für den Aufbau unseres Entwurfs näher zu begründen? Wer der Einwände sich erinnert, die gegen die von uns gemachten Vorschläge seiner Zeit von ernst zu nehmenden Juristen erhoben worden sind; wer die Schlagworte sich ins Gedächtniß zurückruft, mit denen vor etwa zehn Jahren gegen die „Vertreter ausländischer Rechtsgedanken“ nicht ohne Erfolg Stimmung zu machen versucht wurde; wer die engherzige Beschränktheit nicht vergessen hat, mit der man das „deutsche“ Rechtsbewußtsein wachrief, um die Herrschaft des französischen Rechts im deutschen Reich zu vertheidigen — der wird den Muth nicht finden, die aufgeworfene Frage schlankweg zu verneinen. Aber vielleicht darf ich mich doch auf die Hervorhebung zweier Gesichtspunkte beschränken, um die Forderung nach einer rechtsvergleichenden Grundlage für unsern Strafgesetzentwurf zu begründen.

1. Einmal handelt es sich um die legislative Technik. Wie sehr uns diese auf strafrechtlichem Gebiet abhanden gekommen ist, lehrt nicht nur ein Blick in unser Strafgesetzbuch, sondern vor Allem auch die oberflächlichste Betrachtung aller seither erlassenen Strafdrohungen. Eines Beweises für diese notorische Thatsache bedarf es wohl nicht. Ich kann abwarten, ob sie bestritten werden wird. Die Technik also müssen wir uns erst wieder aneignen. Und dabei werden wir sehr viel von allen andern Völkern lernen können; am meisten aber von denen, die unser Strafgesetzbuch kannten und seine Fehler zu vermeiden sich bemüht haben.

Das gilt für den besonderen, wie für den allgemeinen Theil des Strafgesetzbuchs.

Wollen wir die Verbrechensthatbestände des besonderen Theils befriedigend aufbauen, so müssen wir zunächst über die Rechtsgüter uns klar sein, die wir durch unsre Strafdrohungen schützen wollen. Die Systematik der strafrechtlich zu schützenden Rechtsgüter, in der ein jedes genau bestimmt und an den richtigen Platz gestellt ist: das ist und bleibt die erste Voraussetzung für ein praktisch brauchbares Strafgesetzbuch. Man hat nur an die verworrenen Bestimmungen über den Bankbruch, an die zerfahrene Kasuistik der Untreue, an die legislative Mißgeburt des Zuhälterparagraphen zu denken, um sich klar zu machen, was ich meine. Daran schließt sich aber als zweites die Klarheit über die Beschaffenheit der gegen jene Rechtsgüter gerichteten Angriffe, die durch die Strafdrohung hintangehalten werden sollen. Rechtsgut einerseits, Angriffshandlung anderseits: das sind die beiden Theile eines jeden Verbrechensbegriffs. Sind sie beide klar erfaßt, dann baut sich der Begriff leicht und übersichtlich auf. Tötung, Sachbeschädigung, Aneignung, Betrug, Notzucht u. s. w. sind Beispiele solch' klarer und einfacher Begriffe.

Daß nach beiden Richtungen hin die wissenschaftliche Durchforschung ausländischer Gesetzgebungen reiche Ausbeute bietet, wird nur der bestreiten können, der sie niemals daraufhin durchgesehen hat.

Das Gesagte gilt aber auch für den allgemeinen Theil. Auch hier ist die Aufstellung klarer und einfacher Begriffe unerläßlich, soll das Gesetzbuch in der Praxis sich bewähren. Und auch hier werden wir reiche Belehrung in rechtsvergleichenden Untersuchungen finden. Man nehme z. B. an, daß eine Bestimmung über die Strafbarkeit des untauglichen Versuchs in das Gesetzbuch aufgenommen werden soll. Auch der beschränkteste Verächter des außerdeutschen Rechts wird hier keine Bedenken tragen, ausländische Vorbilder zu Rate zu ziehen.

2. Aber viel wichtiger als diese technische Förderung ist ein anderer Gewinn, den wir aus streng wissenschaftlicher Rechtsvergleichung ziehen können. Wir werden annehmen dürfen, daß die Entwicklung des gesellschaftlichen Lebens bei den verschiedenen Kulturvölkern derselben Entwicklungstendenz folgt. Diese gesetzmäßige Entwicklung des gesellschaftlichen Lebens, in erster Linie der wirthschaftlichen Produktion und des Güteraustausches, muß sich aber wiederspiegeln in der Gestaltung des Rechts überhaupt und des Strafrechts insbesondere, das ja für solche Wandlungen ganz besonders empfindlich ist. Es muß daher möglich sein, in den Rechtssystemen der heutigen Kulturvölker diese einheitliche Entwicklungstendenz festzustellen und zugleich zu zeigen, zu welchen legislativen Bildungen auf strafrechtlichem Gebiete diese Tendenz geführt hat oder zu führen im Begriffe steht.

Ein oder das andere Beispiel mag klar machen, was ich meine.

Wohin der kapitalistische Großbetrieb mit seiner Maschinentechnik dringt, hat er die Entstehung eines industriellen Proletariats zur Folge. Darin besteht die „soziale Frage" im landläufigen Sinne des Wortes. Wie stellt sich nun die Strafgesetzgebung der werdenden oder gewordenen Industriestaaten zu dieser universellen Erscheinung? Arbeitet sie mit Umsturz- und Zuchthausvorlagen, um den Unternehmer zu schützen und den emporstrebenden Arbeiterstand gewaltsam auf einer niedrigeren Stufe der Lebensführung festzuhalten oder sucht sie den wirthschaftlich Schwachen gegen Ausbeutung sicher zu stellen? Schützt sie das Koalitionsrecht der Arbeiter oder bestraft sie die Streikposten? Und an diese großen Fragen schließt sich eine ganze Reihe von kleineren: der unlautere Wettbewerb, die Entziehung fremder elektrischer Arbeit, die Kartelle und Trusts, der Mißbrauch all unserer modernsten Entdeckungen, Erfindungen, Produktionsformen u. s. w. — sind das nicht Erscheinungen, die in allen Kulturländern wiederkehren?

Ich denke dabei aber auch an die Entwicklung, die sich in unserem geistigen Leben vollzieht. Auch sie folgt bestimmten Entwicklungsgesetzen; auch sie bewegt sich trotz nationaler Verschiedenheiten im Großen und Ganzen nach derselben Richtung. Auch hier also wird eine einheitliche Entwicklungstendenz sich feststellen lassen. Das wird von ausschlaggebender Bedeutung werden in dem Augenblick, in dem der Abschluß des Kompromisses zwischen den Anhängern der klassischen und der neuen Richtung in Frage kommt. Sollte in andern Ländern, die mit uns auf derselben Kulturstufe stehen, der alte Vergeltungsgedanke seine Wiedergeburt feiern, sollte das Rechtsbewußtsein anderer Völker noch Sühne für jede Missethat verlangen und die dem Erstlingsverbrecher gewährte Verzeihung als eine unfaßbare Versündigung an den ethischen Grundgedanken alles Rechtes empfinden: dann werden wir Gegner der Vergeltungsstrafe im Deutschen Reich uns bescheiden müssen, weiter zu warten, bis unsere Zeit gekommen sein wird — wenn sie überhaupt kommt. Läßt sich aber nachweisen, daß der mosaische Talionsgedanke auch in seinen christlich abgeblaßten Formen im Schwinden begriffen ist, daß die Gedanken der Besserung des Schwachen und der Sicherung der Gesellschaft überall gegen die Idee der Sühne in siegreichem Vordringen sich befinden, daß das Staatswohl immer bestimmter über die Freiheit des Verbrechers gestellt wird — dann ist auch für das Deutsche Reich die Berechtigung unserer Forderungen außer Zweifel gestellt. Denn nicht darauf kann es ankommen, wie weit die zünftige Wissenschaft der deutschen Juristenfakultäten vorgeschritten ist; und auch der deutsche Juristentag wird für sich nicht die Autorität eines in letzter Linie entscheidenden Areopags in Anspruch nehmen können. Einer klar erkannten legislativen Entwicklungstendenz gegenüber ist vielmehr ohne Weiteres zunächst die Theilung der Parteien gegeben und die Parteirolle bestimmt. Die eine der beiden Parteien wird bemüht sein, die Entwicklung zu fördern; die andere wird alle Kräfte einsetzen, sie zu hemmen. Beide Parteien sind gleich berechtigt; denn beide vertreten geistige Mächte. Das neue Gesetz aber wird von den neuen Ideen erfüllt sein müssen, soll es nicht im Augenblicke der Geburt bereits greisenhafte Züge tragen. Bei dem Kompromiß kann es sich mithin nur um das Tempo der Entwicklung, niemals aber um ihre Richtung handeln.

III. Aus dem Gesagten ergiebt sich aber auch der Umfang des zur Vergleichung heranzuziehenden Rechtsstoffes.

1. Es handelt sich um die Entwicklung, die das materielle und geistige Leben der Kulturvölker seit dem Inslebentreten des Reichsstrafsgesetzbuchs genommen hat. Die Zeit vor 1870 kommt nur insoweit in Betracht, als sie die Keime für spätere Gestaltungen in sich birgt. Rechtsgebiete, die außerhalb der Kulturgemeinschaft liegen, wie das türkische, persische, chinesische u. s. w. Recht, haben grundsätzlich unberücksichtigt zu bleiben. Aber das Gebiet der Kulturgemeinschaft

muß vollständig ins Auge gefaßt werden. Es wird sich sofort zeigen, daß die jüngsten Großmächte, die Vereinigten Staaten und Japan, uns viel mehr zu bieten haben, als das in der Strafgesetzgebung völlig stagnirende Frankreich. Und gerade auch die kleinen und kleinsten Staatsgebilde verdienen sorgfältigste Beachtung: in den tastenden, unruhigen Gesetzen und Entwürfen Mittel- und Südamerikas spiegelt sich der Widerstreit alter und neuer Gedanken ungleich deutlicher wieder, als etwa in der Strafgesetzgebung Italiens. Nur darum also kann es sich handeln, die Grenze der Kulturgemeinschaft abzustecken; was innerhalb dieser Grenze seit 1870 gearbeitet worden ist, muß ausnahmslos berücksichtigt werden.

Und dabei versteht es sich ganz von selbst, daß gerade die in den Gesetzentwürfen niedergelegten legislativen Gedanken besondere Beachtung verlangen. Nicht nur wegen ihres Inhalts; sondern vor Allem wegen des Maßes ihrer Kraft, sich durchzusetzen. Es liegt nicht nur an der politischen Zerfahrenheit, wenn die österreichischen Entwürfe werthvolles Material geblieben sind; die Ursache ist vielmehr darin zu suchen, daß den österreichischen Gesetzgebern die Kraft einer klaren Ueberzeugung fehlte. Es ist kein Zufall, daß der vorsichtig vermittelnde Schweizer Entwurf ins stille Fahrwasser gerathen ist, während der norwegische, trotz des Todes seines unbeirrt die eigene Bahn verfolgenden Verfassers, Gesetzeskraft erlangt hat. Wer die Schicksale der Strafgesetzreform in Frankreich und in Rußland vergleicht, wird sich gar bald übezeugen, daß man kein neues Gesetzbuch zu stande bringt, wenn man den neuen Ideen den Zutritt verschließt. Gerade aus der wissenschaftlichen Durchforschung der Entwürfe und aus der Betrachtung ihres Schicksals werden wir

Kraft und Muth zu einer dem geänderten Rechtsbewußtsein entsprechenden Neuschöpfung gewinnen.

2. Aber nicht nur um Gesetze und Gesetzentwürfe handelt es sich. Den Gegenstand der Rechtsvergleichung muß vielmehr die gesammte Rechtsentwicklung der Kulturstaaten seit 1870 bilden. Diese aber wird mitbestimmt durch Wissenschaft und Rechtsprechung. Wer diese nicht kennt und zu verarbeiten vermag, bleibt Dilettant auf dem schwierigen Gebiete der Rechtsvergleichung. Das muß mit unzweideutiger Klarheit und mit rücksichtsloser Entschiedenheit ausgesprochen werden.

Man denke etwa daran, ein Ausländer wolle Auskunft über die Behandlung des untauglichen Versuchs nach deutschem Recht. Was kann ihm § 43 unseres R.St.G.B. sagen? etwa, daß, „was nicht zu Ende geführt, auch nicht begonnen werden kann"? Wenn der ausländische Jurist die Rechtsprechung unsres Reichsgerichts nicht kennt oder nicht weiß, daß die deutsche Wissenschaft und mit ihr die Praxis der deutschen Gerichte dem Reichsgericht die Gefolgschaft versagt, so wird seine Darstellung des deutschen Rechts wissenschaftlich werthlos, ja sie wird nothwendig inhaltlich falsch sein. Und so in allen Fragen des allgemeinen Teils. Die Behandlung der Unterlassungsdelikte, die Abgrenzung von Mitthäterschaft und Beihilfe, die Auffassung der Idealkonkurrenz oder des fortgesetzten Verbrechens — aus dem Gesetz allein läßt sich das nicht entnehmen. Und in Beziehung auf den besonderen Theil ist es genau ebenso. Ob die Elektrizität eine „Sache", ob der Zweikampf nach französischem Recht strafbar ist, ob die deutschen Landesrechte den Konkubinat unter Strafe stellen dürfen — und hunderte von anderen Fragen können nur aus der Berücksichtigung der Wissenschaft und der Rechtsprechung Beantwortung finden. Eine Rechtsvergleichung, die nur auf der Gesetzgebung sich aufbaut, kann auf wissenschaftlichen Werth keinen Anspruch machen.

IV. Aber noch eine weitere, wichtige Folgerung ist unabweislich, wenn man sich die Aufgabe rechtsvergleichender Untersuchung im Hinblick auf den auszuarbeitenden Strafgesetzentwurf klar gemacht hat. Sie soll diesem Entwurf als Grundlage dienen. Sie muß daher alles enthalten, was dieser zu behandeln hat. Die rechtsvergleichende Darstellung als Grundlage des Entwurfs muß daher ein vollständiges System des Strafrechts geben, soweit dieses den Gegenstand des Entwurfs bilden soll. Dabei ist es für mich hier gleichgültig, wie weit der Entwurf selbst sich seine Grenzen zieht. Aber innerhalb dieser Grenzen muß die rechtsvergleichende Darstellung erschöpfend sein. Nichts wäre verkehrter als der beliebte Gedanke, etwa nur die „wichtigsten Materien" rechtsvergleichend behandeln zu wollen. Vor einem solchen dilettantischen Gebahren müßte auf das Entschiedenste abgerathen werden.

Für den besonderen Theil dürfte das klar sein. Wollen wir wissen, welche Rechtsgüter andere Rechte unter strafrechtlichen Schutz stellen, so bleibt uns gar nichts anderes übrig, als sie sämmtlich aufzuzählen. Gerade diejenigen Materien, die unser geltendes Recht nicht behandelt, während andere Gesetzgebungen sie eingehend berücksichtigen, werden unsere Aufmerksamkeit besonders in Anspruch nehmen. Wollten wir hier von vornherein eine Auswahl treffen, so würden wir das erst zu gewinnende Ergebniß vorwegnehmen. Es ist ja nicht ausgeschlossen, daß über Singularitäten einzelner Rechte rasch hinweggegangen wird; aber ihren festen Platz im System müssen sie haben.

Aber auch für den allgemeinen Theil läßt sich eine Auswahl nicht treffen. Hier ist alles gleich wichtig. Auch hier also muß eine vollständige Systematik verlangt werden, die naturgemäß durch die Dreitheilung: Gesetz, Verbrechen, Strafe gegeben wird.

Ich möchte aber noch einen weiteren Gesichtspunkt dabei besonders betonen. Den Abschnitten über Verbrechen und Strafe, die in der herkömmlichen Weise gegliedert und ohne Nachtheil für die Sache verschiedenen Bearbeitern zugewiesen werden können, muß unbedingt je eine allgemeine Darstellung des Verbrechensbegriffs und des Begriffs der Strafe vorangeschickt werden. Beide Darstellungen sind von grundlegender Bedeutung.

Bei der Behandlung des Verbrechensbegriffs wäre nach meiner Ansicht insbesondere zu untersuchen, ob und inwieweit in den verschiedenen Rechten die grundlegende Auffassung des Verbrechens als Handlung zur klaren Erfassung gelangt ist; wie die Frage nach dem Kausalzusammenhang, nach der Strafbarkeit der Unterlassung gestellt und gelöst ist; ob Vorsatz und Fahrlässigkeit an den Handlungsbegriff anknüpfen, ob Versuch und Thäterschaft mit dem Unterbegriff der Ausführungshandlung gegeben sind u. s. w. Meine alte Ansicht, daß der Artbegriff der strafbaren Handlung nicht festgestellt werden kann, ehe der Gattungsbegriff der Handlung klargelegt ist, mag ja vielleicht unrichtig sein. Und Diejenigen mögen vielleicht Recht haben, die, mit der Normentheorie, den Begriff des Verbrechens aus dem Begriff des Gesetzes ableiten. Aber Eins ist in jedem Falle sicher: daß ohne Klarheit über den Verbrechensbegriff weder der allgemeine noch der besondere Theil eines Strafgesetzbuchs befriedigend gestaltet werden kann. Und gerade hier kann es der theilweise tief in die ödeste Begriffsjurisprudenz hineingerathenen deutschen Strafrechtswissenschaft nur förderlich sein, wenn sie mit den jugendkräftigeren Arbeiten anderer Völker wieder einmal Fühlung nimmt.

Andere, aber nicht geringere, Bedeutung hat die Feststellung des Strafbegriffes. Man sehe doch einmal zu, wie die Wissenschaft und die Gesetzgebung anderer Staaten diesen Begriff bestimmt haben. Halten sie, soweit sie fortschreiten, an der starren Scheidung von Strafe und Sicherungsmaßregel fest? Weisen sie diese aus dem Strafgesetzbuch heraus? Oder wird vom Strafrichter im Strafverfahren auf Sicherungsmaßregeln erkannt? Der Streit der deutschen Schulen wird an Schärfe wesentlich verlieren, wenn das Problem auf der breiten Grundlage rechtsvergleichender Forschung gestellt und zu lösen unternommen wird.

V. Ich verkenne die Schwierigkeiten keineswegs, welche eine rechtsvergleichende Systematik des gesammten Strafrechts bietet. Die Schwierigkeiten werden nur quantitativ, nicht qualitativ, geringer, wenn man den gesammten Stoff auf einer Reihe von Mitarbeitern vertheilt. Wer die Lehre vom Versuch behandelt, wird es doch nicht vermeiden können, den gesammten Rechtsstoff durchzuarbeiten; er wird auch den ganzen besonderen Theil aller Strafgesetze und Entwürfe kennen und beherrschen müssen, soll seine Darstellung wissenschaftlichen Werth beanspruchen dürfen. Und wer die Religionsdelikte darstellen will, muß in dem Strafensystem wie in dem gesammten allgemeinen Theil sämmtlicher von ihm behandelter Gesetzbücher zu Hause sein, wenn die einzelnen Strafdrohungen richtig gewürdigt werden sollen.

Trotz dieser von uns klar erkannten Schwierigkeiten hat die Internationale kriminalistische Vereinigung in ihrer „Strafgesetzgebung der Gegenwart" die große Aufgabe in Angriff genommen. Sie rechnete dabei auf die Leistungsfähigkeit und die Opferwilligkeit ihrer Mitglieder. Die beiden ersten Bände, die wir bisher der Oeffentlichkeit übergeben konnten, dürften trotz mancher Mängel und Schwächen den Beweis dafür erbracht haben, daß unsere Hoffnung keine trügerische war. Wenn das Unternehmen ins Stocken gerieth, so lag das an einer äußeren Ursache: die von unserem Verleger geforderte Zahl von Abnehmern des Gesammtwerkes hatte sich nicht gefunden. Seit wenigen Wochen ist auch dieses Hinderniß beseitigt. Dank der werkthätigen Unterstützung der bayerischen Regierung ist heute die Fortführung unseres Unternehmens auch buchhändlerisch gesichert. Es ist eine Ehrenpflicht der J.K.V., das begonnene Werk nunmehr mit aller Kraft zu Ende zu bringen. Und der große Aufschwung, den die Vereinigung inzwischen genommen hat, ihre wachsende Verbreitung und ihr steigender Einfluß in den verschiedenen Ländern sichert uns heute mehr denn je die Erreichung des gesteckten Zieles.

Dieses Ziel war allerdings nicht die Vorbereitung irgend eines nationalen Gesetzbuchs; wir hatten es uns höher gesteckt. Aber nichts steht im Wege, bei der Fortführung in erster Linie die Interessen der deutschen Gesetzgebung in's Auge zu fassen. Ich habe kein Recht, schon heute im Namen meiner Freunde zu sprechen. Aber ich glaube doch sagen zu dürfen, daß eine solche Umgestaltung des Programms den lebhaften Beifall der großen Mehrheit unserer Mitglieder finden dürfte. Wird doch durch die engere Umschreibung der nächsten Aufgabe die Erreichung des letzten Ziels in keiner Weise gefährdet. Dabei muß freilich die wissenschaftliche Grundlage, die wir nach reiflicher Ueberlegung für unser Unternehmen aufgestellt haben, unberührt festgehalten werden, soll nicht dilettantisches Herumtasten an die Stelle eines klaren Arbeitsplanes treten. Wird diese grundsätzliche Forderung erfüllt, dann wird auch die Mitarbeit von Männern, die der Vereinigung nicht angehören, uns herzlich willkommen und der Sache selbst sicher nur förderlich sein.

Während im Schoße des deutschen Juristentages die Auseinandersetzung über die richtunggebenden Grundgedanken des künftigen Entwurfs erfolgt, muß von anderer Seite in kriminalstatistischer und rechtsvergleichender Untersuchung ihm die breite wissenschaftliche Grundlage gesichert werden. Es schadet garnichts, wenn noch Jahre vergehen, ehe mit der Ausarbeitung des Entwurfes selbst begonnen wird. Nicht in ungestüm drängender Hast, wie bei der Herstellung des Friedberg'schen Entwurfs, sondern mit ruhig prüfender Sorgfalt wollen wir an das nationale Werk herantreten. Erst wenn sie reif ist, wollen wir die Frucht vom Baume pflücken.

Ein Wörterbuch

der

älteren deutschen Rechtssprache.

Von

Dr. **Richard Schroeder,**
Geh. Hofrath, Professor an der Universität Heidelberg.

Die philosophisch-historische Klasse der Königlich preussischen Akademie der Wissenschaften hatte schon vor einem Jahrzehnt die Herstellung eines wissenschaftlichen Wörterbuches der älteren deutschen Rechtssprache in Aussicht genommen[1]). Nachdem die erforderlichen Mittel seitens der „Hermann und Elise geb. Heckmann Wentzel-Stiftung" zur Verfügung gestellt waren, wählte die Klasse im Jahre 1896 eine akademische Kommission, die mit der Aufstellung eines Arbeitsplanes und mit der Oberleitung der Arbeiten betraut wurde. Den Vorsitz in der Kommission und die Leitung der Geschäftsführung übernahm Professor Heinrich Brunner in Berlin, die unmittelbare Leitung der wissenschaftlichen Arbeiten Professor Richard Schröder in Heidelberg. Das für das Wörterbuch angelegte Archiv befindet sich in der Universitätsbibliothek zu Heidelberg. Für die Verwaltung des Archives wurden ständige Hilfsarbeiter der Kommission angestellt. Eine grosse Zahl von Mitarbeitern aus allen Theilen Deutschlands, Oesterreichs, Belgiens und der Niederlande wurde für die Excer-

---

[1]) Das bekannte Glossarium Germanicum medii aevii von Chr. G. Haltaus (Lipsiae 1758), so werthvoll es auch durch sein reiches Quellenmaterial ist, kann doch den wissenschaftlichen Ansprüchen der Gegenwart in keiner Weise genügen.

pirung der einzelnen Quellen gewonnen. Der Beitritt weiterer Kräfte ist dringend erwünscht. Da es der Kommission schwer fiel, für die Excerpirung der zahlreichen und wichtigen schweizerischen Quellen die erforderlichen Hilfskräfte zu gewinnen, so wurde es mit besonderem Danke begrüsst, als sich auf Anregung und unter persönlicher Leitung von Professor Eugen Huber in Bern, der alsbald auch als weiteres Mitglied in die Berliner Kommission gewählt wurde, eine eigene Unterkommission für die Schweiz bildete, die durch die hochherzige Unterstützung des eidgenössischen Bundesrathes in die Lage versetzt wurde, die schweizerischen Quellen in ausgiebiger Weise für die Zwecke des Wörterbuches ausziehen zu lassen und die Früchte ihrer Arbeiten der Berliner Kommission zu freier Verfügung zu stellen.

Denn zunächst handelt es sich nur um die sammelnde Thätigkeit, das Zusammenbringen des zu verarbeitenden Materials durch Excerpiren der Rechtsdenkmäler und der Nebenquellen, d. h. der mittelbaren Erkenntnissquellen des Rechts, insbesondere der Urkunden und der Erzeugnisse der schönen Literatur. Während die gedruckten Rechtsquellen systematisch auszubeuten sind, werden die Nebenquellen und das ungedruckte Material nur in sachgemässer Auswahl herangezogen. Eine wesentliche Vorarbeit, namentlich für die Abgrenzung der Rechtswörter gegenüber dem sonstigen Wortvorrath, bildete die Herstellung eines Rechtswörterverzeichnisses auf Grund der Wörterbücher und der den gedruckten Rechtsquellen beigefügten Glossare.

Nach dem von der Kommission aufgestellten Arbeitsplan soll nur ein Wörterbuch der deutschen, nicht ein Wörterbuch der germanischen Rechtssprache ins Auge gefasst werden. Die skandinavischen Quellen werden demnach nicht systematisch ausgezogen, sondern in ihrer Terminologie nur so weit berücksichtigt, als es sich um gemein-germanische Wörter handelt und die Geschichte und Erläuterung eines deutschen Rechtswortes ihre Berücksichtigung verlangt. Dasselbe gilt von den gothisch-burgundischen Quellen, während alle westgermanischen Rechtswörter, also ausser den deutschen auch die langobardischen, friesischen und angelsächsischen, in den Bereich des Wörterbuches fallen. Ausgeschlossen bleiben alle Fremdwörter, dagegen sind zu berücksichtigen die einer fremden Sprache entnommenen Lehnwörter des deutschen Sprachschatzes sowie die dem Deutschen entnommenen Lehnwörter der nordgermanischen und romanischen Sprachen. Von den deutschen Lehnwörtern der slavischen Sprachen ist Abstand zu nehmen, da die Entlehnungen meistens erst in verhältnissmässig später Zeit stattgefunden haben und daher aus ihnen keine erhebliche Aufklärung für die ursprüngliche Wortbedeutung zu gewinnen ist.

Rechtswort ist jeder Ausdruck für eine rechtlich relevante Vorstellung, mit Einschluss der Symbole, Maasse, Münzen, Verwandtschaftsbezeichnungen u. dgl. m. Auch Eigennamen, die eine technisch-juristische Bedeutung haben (wie Malberg, Malstatt, Detmold, Dietkirchen, Upstalsbom), sind zu berücksichtigen. Zusammengesetzte Wörter werden, wo dies von Interesse sein kann, auch nach dem zweiten Kompositionsgliede eingestellt, also z. B. Dingpflicht, Erblosung, Morgengabe, Pfundgeld auch unter Pflicht, Losung, Gabe, Geld. Aufzunehmen sind insbesondere auch alle formelhaften Wortverbindungen, wie Haut und Haar, Hals und Hand, Recht und Rede, los und ledig, ab und todt.

Die Quellen sollen bis etwa 1750 systematisch ausgebeutet werden. So weit jüngere Quellen an alterthümlichen Ausdrücken festhalten, wie z. B. das Badische Landrecht und viele schweizerische Gesetze der neueren Zeit, dürfen auch diese berücksichtigt werden.

Jeder Wortartikel soll Belegstellen in Auswahl, wo möglich aus allen Rechtsgebieten und Zeitaltern, bringen. Besondere Berücksichtigung verdienen Stellen, die Etymologien, Definitionen, Synonyma, Glossen oder Gegensätze enthalten. Wichtigere Stellen sind wörtlich, andere nur in Auszügen aufzunehmen. Bei allgemein gebräuchlichen Wörtern genügt es, Anfangs- und Endpunkte des Gebrauches festzustellen. Die verschiedenen Bedeutungen jedes Wortes und jeder Wortverbindung sollen in möglichst genetischer Ordnung, bei Wörtern mit wechselnder Bedeutung wo möglich durch Beispiele aus jedem Jahrhundert belegt werden. Allgemein übliche und gelegentlich hervortretende besondere Verwendungen der Wörter sind auseinander zu halten. Auf den Zusammenhang zwischen Wörtern verschiedenen Stammes (z. B. Gewähr, Gewere, Gewahrsam), auf Synonyma und Gegensätze soll hingewiesen werden.

Bei jedem Worte ist, so weit möglich, die Etymologie und das Alter festzustellen, insbesondere bei Entlehnungen aus fremden Sprachen oder bei Lehnwörtern der letzteren, die aus dem Deutschen entnommen sind, nicht minder bei Wörtern, die blosser Uebersetzung von Fremdwörtern entstammen, wie Gläubiger (mhd. glöuber, gelouber) aus creditor. Dass ein Wortartikel zur rechtsgeschichtlichen oder rechtsantiquarischen Monographie auswachse, ist schlechterdings zu vermeiden, da das Wörterbuch weder ein Reallexikon, noch ein antiquarisches Glossar werden soll.

Die einzelnen Wortartikel, denen auch die wichtigsten Literaturangaben beizufügen sind, sollen möglichst unter der neuhochdeutschen Form oder, wenn diese fehlt, in der dieser zunächst stehenden Gestalt eingereiht werden. Verweisungen werden in grossem Umfange nothwendig sein, da jede besondere Wortform in der alphabetischen Ordnung vertreten sein muss.

Die sammelnde Thätigkeit der Excerptoren hatte es im April 1901 bereits auf 76400 Quellenbelege gebracht, deren jeder für ein einzelnes Wort bestimmt und auf einem besonderen Zettel verzeichnet ist. Die Gesammtzahl der in das Wörterbuch-Archiv eingereihten Zettel beläuft sich aber gegenwärtig schon auf ungefähr 138800, ist also in 16 Monaten nahezu auf das Doppelte gestiegen. An bereits ausgezogenen Quellen oder Quellenwerken waren bis zum 1. Januar 1902 ungefähr 400 verzeichnet. Noch harren zahlreiche Quellen der Bearbeitung, doch steht zu hoffen, dass die Verarbeitung des gesammelten Materials längstens in zwei Jahren wird in Angriff genommen werden können, wenn auch die sammelnde Thätigkeit daneben noch für längere Zeit fortgesetzt werden muss.

Zur Veranschaulichung des geplanten Werkes geben wir nachstehend zunächst einen Probeartikel über das Wort **Weichbild.**

I. Wortformen [1]).

Als Normalform erscheint *wicbilede, wicbilide, wicbilithe, wicbileth*, und, davon abgeleitet, *wicbilde, wicbelede* [2]), *wic-*

---

[1]) Rein orthographische Abweichungen ohne sprachliche Bedeutung bleiben unberücksichtigt.

[2]) Ein „miles de Wicbeledhe“ Westf. UB. III A, 365.

belethe, *wicbeled*, *wicbelde*. Weiter begegnet *wichbilede*, *wigbileth* und *wigbilithe*, *wichbilde* und *wigbilde*, *wichbelede* und *wigbelede*, *wichbelde* und *wigbelde*, *wibbilde*, *wipbildi*, *wibbelde*, *wibilethe*, *wipilde*, *wibelde*, *wicbolede*, *wicbolde*[1]), *wigbolde*, *wibbold*, *wibold*, *wicbele*, *wichbele*, *witpilde*, endlich *weichbilde*, *weichbild*.

II. Alter und Verbreitung.

Das älteste Zeugniss ist die Gründungsurkunde von Leipzig (1156—1170). Das Wort kommt nur in Nord- und Mitteldeutschland vor; in Süddeutschland hat es erst im Laufe des 19. Jahrhunderts in der schönen Literatur und als Kunstausdruck im Gebiete des Verwaltungsrechts Eingang gefunden. Im Westen begegnet es seit dem 13. Jahrhundert in der holländischen Provinz Overijssel (B. 1, 2), sodann vereinzelt in Ostfriesland (Jever, C. 1). Ueberaus häufig bezeugt ist es in Westfalen und Niedersachsen, in Holstein, Mecklenburg, Pommern, Brandenburg, Preussen. Sein Verbreitungsgebiet erstreckt sich im Norden bis Schleswig (B. 15), im Nordosten bis Livland und Estland (C. 20, 21). Stark verbreitet ist das Wort sodann im obersächsischen Sprachgebiet (Thüringen, Mark Meissen, Lausitz, Schlesien). Ganz vereinzelt begegnet es auch in Hessen (B. 32) und Mähren (Iglau).

III. Bedeutungen.

A. Markt- oder Stadtrecht, ius civile.

a. (1) Leipziger Gründungsurkunde von 1156—1170: die „sub Hallensi et Magdeburgensi iure“ errichtete Stadt

---

[1]) In Riga begegnet im 14. Jh. ein Wicboldus vanme Rhyne (Wighboldus van Rene) und eine platea Wicboldi (Wigboldi).

erhält zum Zeichen dessen vier Stadtkreuze: iuris etiam sui, quod *wicbilede* dicitur, signum petentibus unum in medio Halestrae, secundum in medio Pardae, tertium . . . prope patibulum, quartum trans fossam qua lapides fodiuntur demonstravit (Cod. dipl. Sax. II. 8. Nr. 2). — (2) Privileg f. Obernkirchen (w. Hannover) v. 1181: in villa O. forum sit, quod in vulgari *wicbilethe* . . . dicitur (Erhard, Cod. dipl. Westf. Nr. 416)[1]. — (3) Privileg für Bremen v. 1186: sub eo quod vulgo dicitur *wicpilethe*, . . . hereditatem acquisierit in civitate B. sub *wicbilithe* (Brem. UB. I Nr. 65). Ebenso v. 1206: sub *iure civili* quod vulgo *wicbeletd* vocatur (ebd. Nr. 103). — (4) Gründungsurkunde für Bochold v. 1201: ville . . Epenebocholte id iuris quod vulgo *wicbilede* dicitur . . . concessimus (Westf. UB. III, Nr. 3). — (5) Lübecker Privileg v. 1226: concedimus eis insulam . . . iure civitatis de cetero possidendam quod *wicbelede* dicitur (Lüb. UB. I, Nr. 35). Ebenso v. 1247: sub eo iure quod *wichbelede* dicitur (ebd. I, Nr. 123, 124). — (6) Sächs. Weichb.: ap in broch wirdt an einem orteile, das mussen sie zu Meideburg holen, dorumbe das es alle *weichbilde* beschirmet (10, 2. Laband S. 56). — (7) Gründungsprivileg für Dülmen v. 1311: ipsum oppidulum ad inhabitandum cuilibet homini absoluta libertate sub eo iure quod vulgus to *wibbelde* dicit duximus exponendum (Niesert, Münster. Urk.-Samml. III, S. 24).

b. Die Privilegien für Bremen (3) stellen den unter Weichbild oder *iure civili* lebenden Einwohnern und den unter Weichbild besessenen städtischen Grundstücken die unter Hofrecht lebenden Einwohner und den unter Hofrecht

---

[1]) Hier ist wicbilethe (forum) = Markt, Marktgerechtigkeit.

stehenden städtischen Grundbesitz gegenüber. — (8) Nach § 12 des Privilegs für Stade v. 1209 wurde bisher hofrechtlicher Grundbesitz gefreiet und den Bürgern verliehen sub iure quod vocant *wicbelethe*, ita ut ab omni iure quorumlibet et exactionibus et iudicio sint exceptae et nulli de eis aliquid respondeant, nisi soli advocato civitatis qui dicitur wicvogit in iure suo, et tantum dominis suis, quorum prius erant aree, censum debitum persolvant (Pratje, Altes u. Neues a. d. Herzogthum Bremen u. Verden, VI, S. 97 ff.). Der Wortzins blieb aufrecht erhalten, weil er auch dem Weichbilde gemäss war.

c. (9) Wie hier Weichbild und Hofrecht, so wird in zahlreichen Stellen des RB. u. Distinktionen (Ortloff) Weichbild und Landrecht einander gegenübergestellt. I, 14, 1: Hirumbe zweiged sich lantrecht unde *wichbilde*. I, 44, 3: daz musz he bewiszen mit gerichte zu *wichbilde*, unde zu lantrechte mit gerichte unde mit dingphlichtigen di is gesen unde gehort haben. Innerhalb des Begriffes Weichbild unterscheidet es wieder das in Goslar und anderen Reichsstädten geltende Kaiserweichbild oder Kaiserrecht (Ortloff pg. 31 ff.) und das der sächsischen Landstädte: daz ist *keisers wichbilde*, unses landes *wichbilde* unde lantrecht (I, 24, 1); unde ist lantrecht, *wichbilde* unde keiserrecht (I, 29, 1); unde ist lantrecht, *wichbilde* unde *keiserwichbilde* (I, 49, 5); und ist *keiserwichbilde*, lantrecht und *wicpilde* noch sechser ard (I, 46, 6); noch *keiserwicpilde* und sechsischem *wicpilde* (I, 47, 5); in sommelichen steten unde in *wichbilden* des riches steten (V, 1, 10). — (10) Das Eisenacher RB. (2. Hälfte 15. Jhs.) hat diese Begriffe von „Kaiserrecht“ und „Weichbild“ mitübernommen und stellt ihnen das „Stadtrecht“ von Eisenach gegenüber: noch keisirsrechte und *witpilde*, lantrecht und stadrecht (I, 79. Ortloff I S. 674); und ist ein gemeine recht, *witpilde*, lantrecht, keisirsrecht und stadrecht (I, 80).

B. Markt- oder Stadtrechtsgebiet, Stadtgebiet.

a. (1) Stadtr. v. Rijssen, Art. 25: wie wonsteeden in onser stadt *wigboldc* leggende heeft (Overijsselsche stad-, dijk- en markeregten I, 9 S. 9). — (2) Stadtrolle v. Ootmarssum v. 1507, § 3: de binnen onse stad *wigbolde* wonnet, de sal voer den schepenen toe rechte staen (ebd. I, 7, S. 7).— (3) Wilmans, Westf. UB. III, Nr. 545 (1252): medietatem eiusdem opidi [Vreden] — — infra terminos opidales qui *wicbilede* vulgariter appellantur. — (4) Ebd. IV, S. 370 (1256): oppidum Saltcoten — — — cum termino quod dicitur *wicbilide*. — (5) Braunschweiger Stadtr. v. 1227, § 16: swe enen man erwerft vor sin gelt binnen *wicbilde* oder binnen der muren vor gerichte (UB. d. St. Braunschw. I, 5). — (6) Stadtprivileg f. Löwenstadt (bei Bleckede) v. 1209: ipsius quod in vulgari dicitur *wigbelede* limes protenditur versus orientem ultra Albium (Sudendorf, UB. I, 4). — (7) Kieler Privileg v. 1242 (Hasse, Schlesw.-Holst. Urk. I, S. 281): denominamus — terminos civitatis Holsatorum qui dicuntur *wicbeled*. Privileg v. 1318 (ebd. III, Nr. 375): iurisdictionem infra et extra terminos civitatis qui *wikbild* dicuntur. — (8) Urkunde v. 1247 über die Einverleibung von Krempelsdorf in Lübeck (oben A. 5): unde predicti termini omnes debent perpetuis temporibus . . . . . . ad *wichbelede* civitatis et ad terminos ipsius civitatis . . pertinere. — — item omnia que per aquarum inundationem et alluvionem consueverunt occupari ad *wichbelede* civitatis perpetuis temporibus annumerari concedimus. — (9) Lübecker Stadtr. Cod. 2, 91 (Hach S. 289): wert ienich burghere buten der stades marke ofte *wicbelde* dot gheslaghen. 2, 192 (S. 346): soghedan recht, alse we hebbet in unser stat, alsoghedan recht hebbe we also verre, alse unse *wicbelde* reket unde waret [Var. hebbe se ock buten der stad, also vere als er veltmarke unde vriheit unde ere lantwere keret]. — (10) Hamburger Stadtr v. 1270, XII, 1 (Lappenb. S. 65): wat . . en unse borger deme anderen deit buten unsem *wicbelde*, dat is an liken steden, ofte it binnen in unseme *wicbelde* schude. I, 5b (S. 3): erve . . . . dat binnen desser stat unde binnen dessem *wicbelde* belegen is. Stadtr. v. 1292, Anh. 5 (S. 161): so we buten dhesser stat muren unde planken wonet binnen *wicbelde*. Rathssatzung v. 1306 (S. 162): buten user stad al umme, also verne also use *wicbeldhe* kered. Stadtrecht v. 1603: Es soll kein ritter oder rittermessige persone in dieser stadt oder *weichbilde* wohnen (I, 2, 1). — (11) Stadtr. v. Stade (Grothaus) 1, 1: so we sin erve verkopen wil, dhat binnen thesser stat unde thesseme *wicbelde* belegen is. — (12) Anfrage der Stadt Elbing bei Lübeck (um 1260): si aliquis infra civitatem vel extra civitatem infra marchiam civitatis vel *wichbilde* se intromiserit (Cod. Warm. I, Nr. 119). — (13) Bremer Stadtr. v. 1303, ord. 71 (Ölrichs 1, 106): sleit he ene [ein Auswärtiger einen Auswärtigen] . . . . dot buten dhesseme *wicbelde*, he ne dharf dhar nene not umme lithen binnen useme *wicbelde*, wat aver en unse borghere dheme anderen deit buten useme *wicbelde*, dhat is an liken steden ofte it binnen useme *wicbelde* scude. ord. 68 (1, 104): erve — — that binnen dhesser stat unde binnen thessen *wicbelde* beleghen is. — (14) Gildebrief der Bremer Gerber v. 1305: quicunque sutorum infra nostre civitatis *wicbelde* constitutorum .. opus exercere voluerit (Brem. UB. II, Nr.52). — (15) Deutsches Stadtr. v. Schleswig, § 16 (Thorsen, Stadtrechte, S. 29): alle arch, dat dar schut an der stat velde, dat dar geheten is *wickbelde*, scholen der stad sandmanne de sake vorvaren unde dar up richten. § 19 (S. 30): stervet we to Sleszwiigk edder an der stad veltmarke, dat meenliken het *wickbelde*. — (16) Sächs. Weichb.: welch man binnen *wicbilde* gesezzen hat .... jar und tag (4, 1. Laband S. 52); so man in beschelden mac an sinem rechte binnen *wicbilde* (4, 6. S. 52); dis ist geredet von dem richtere zu *wicbilde* (18, 2. S. 64); wie man eigen gebit zu *wicbilde* (20. S. 65); vornemet, waz zu dem erbe gehoret in *wichbilde* (26, 1. S. 68). — (17) Glosse zu Sächs. Weichb. 9 (v. Daniels S. 222): unde heist *wichbilde* alzo vil alz wiet gebite, wenn diz recht ghing alzo wiet alz sien gebiete waz, und dissin namen hat is hutiges tages unde behelt en unvorwandilt. — (18) Richtsteig Landr. 45, 5: spreken itwelke lude, it si *wicbeldes* recht, dat me scole mit tugen winnen oder weren. des is nicht, wen me ne mach in *wicbelde* tu rechte nene scult winnen mit tugen — — —, it ne were vor gerichte redet. — (19) Magdeb.-Görlitzer R. v. 1304 § 139 (Laband S. 139): swa .. hovestete in einem *wigbilde* ligen ungebuwet. — (20) Magdeb. Urk. v. 1495: der creutzgangk und thumbkirche in dem *weichbilde* der alten statt Magdeburgk (UB. v. Magdeburg III, S. 554). — (21) Halle-Neumarkter Recht v. 1235, § 6 (Laband S. 8): si infra terminos quod *wichbilde* dicitur homicidium contigerit. — (22) Hallische Schöffenbücher (Hertel) I, 168, Nr. 187 (14. Jh.): do ne quam ere nen [d. h. keiner der beiden Kläger], de en eder sin egen sculdegeden, also alse se beide waren binnen *wichbelde*. — (23) Dresdener

Schöffenspr. c. 218 (Wass. S. 110): Ich swere gote und unsirm hern dem konige, dem gerichte dis *wigbildes* der stat. Ebd. c. 224 (Wass. S. 113): in dem *wigbilde* do das erbe inne leit und vorzeichet ist. — (24) Leipziger Satzung v. 1345 (Cod. dipl. Sax. II, 8, Nr. 36): das kain geistlich — — man erbe noch gut under im haben sal — — daz czu dem *wichbilde* der stat zcu Lipzk gehore ader dar an gelegen si. Satzung nach 1361 (ebd. Nr. 61): so sal her rumen uz deme *wichbilde* unde sal uzwendig der stat sin hundirt jar unde jar unde tag. Rathsverfügung v. 1494 (ebd. II, 10, Nr. 72): die heuser die er ins rats *wichbilde* in der Pleissen kegen Ganssaugens garten ober ins wasser gebawet. — (25) RB. n. Dist. (Ortloff): man pleit . . in *wichbilde* mit stein zu muren. unde sin alle mit eime rechten begriffen, di zu *wichbilde* siczen (I, 14, 1); an erbegute daz in der stad *wichbilde* lid unde in der stad gerichte (I, 48, 4). — (26) Privileg für Eisenberg (S.-Altenburg) v. 1274 (Haltaus 2051): consulibus et . . civibus nostris in Isenbergk officium sculteti nostre civitatis in J. cum terminis *wigbilde* antique civitatis — — — proprietatis titulo duximus . . . . . . conferendum. — (27) Naumburger Urk. v. 1299 (Lepsius, Gesch. d. Bisch. v. Naumburg, S. 324): sunt autem termini iudiciorum sive iurisdictionis, qui *weichbilde* in vulgari nuncupantur, circa civitatem Numburgk . . . . tales: incipit . . . . iudicium sive *weichbild* [folgt Grenzbeschreibung]. et isti termini et omnia infra istos terminos contenta sunt de iudicio quod *weichbilde* civitatis Numburgensis. — (28) Privileg für Weissenfels, v. 1454 (Klingner, Samml. z. Dorf- u. Bauernrechte 2, 958 f.): haben wir den . . . . . . bürgermeistern, räthen und bürgern . . unsrer stadt Weissenvels — — ein *weichbilde*, unsrer stadt und ihn zu gute uf ewickeit . . zue haben und zu gebruchen, ... gegeben, bestätiget und verschrieben an allen . . güthern neben und umb die stadt gelegen. — — — Was wir auch bissher uf den gütern, die wir ihn iezung in das *wichbilde* verschreiben, landbern haben gehabt, den haben wir gäntzlich abgethan. — — — Was sie aber güter usswendig des *wichbildes* haben, die sullen sie mit landbern, heerstüre und andern verpflegen an den enden da sie gelegen sin. — (29) Schiedspruch v. 1371 für die Stadt Bürgel (S.-Weimar): was der abt von den Borgeln ader sine heren guter haben in dem *wicbilde*, die in zinsen (Thür.-Sächs. Gesch.-Bibl. I, 284, Nr. 249). — (30) Mühlhäuser Stadtrecht (1230-1250): Is daz ein mensche diz andere toitit bin dieseme *wipbilde* hie zu Mulhusen (UB. d. R.-St. Mühlhausen S. 613). — (31) Erfurter Statut v. 1281 (UB. v. Erfurt I, Nr. 311): bona immobilia sita intra civitatem Erfordiensem vel extra in loco qui *wipilde* dicitur in vulgari. Statut von 1289, § 11 (Kirchhoff S. 12): swaȝ kornes kumet zu Erforte in daz *wippilde* oder in die stat unverkouft. § 45 (ebd. S. 24): swer den zol enphurit . . . . ubir die uȝȝirn brukkin, dem sal der zolner nachvolgin unde sal in ufhalden in deme *wippilde*, unde nicht daruȝȝe. Ebd. II, Nr. 988 (1389): daz man alle fremde uzseczige menschin henweg wisen — — sal . welche abir hir uz der stad adir *wicbilde* sint etc. — (32) Weistum von Wetter (Hessen) v. 1239 (Grimm 3, 344. Wenck, Hess. L.-Gesch. II, UB. S. 168): hi sunt termini *wibbilde*: ab oriente [folgt die Grenzbeschreibung].

b. Die zum Theil schon in den angeführten Urkunden (16. 18. 25. 27) hervortretende Beziehung des Wortes auf Stadtgericht und städtische Gerichtsbarkeit zeigt sich besonders in folgenden Stellen. (33) Ssp. III, 87 § 2: dit selve mut dun en lantman dem anderen, of he ine beklaget binnen *wichbelde* oder in enem utwendigen gerichte. III, 25 § 2: Binnen markede [Bresl. HS. *wicbelde*] noch binnen utwendigen gerichte ne darf neman antwerden, he ne hebbe dan wonunge oder gut binnen. — (34) Osnabrücker UB. II, 338 (1243): advocatiam ecclesiae et iudicium villae Unna, unde ortum habuit illud quod appellatur *wicbelde*. — (35) RB. n. Dist. III, 4, 5: ist ein gast eime burger in *wichbilde* adder in eime andern gerichte icht schuldig noch lantrechte. — (36) Kursächsische Taxordnung v. 1612 (Cod. Aug. I, 1383): im *weichbilde* aber oder stadtgerichte. — (37) Haltaus 2052 (1278): termini iudicii seu iurisdictionis quae *weichbild* appellatur circa civitatem Numburg. — — — — — caeteri termini iurisdictionis quae *weichbild* nuncupatur prope civitatem Cizensem sunt tales. Ebd. 2051 (1514): wegen der güter, so . . Dommatsch in des rats und stat *weichbild* und gerichtszwange alhie liegend hat. — (38) Urkunde König Sigmunds f. d. Bischof v. Naumburg v. 1417 (Halt. 2052): cum universis eiusdem ecclesiae castris, oppidis, villis, fundis, pagis et usufructibus ac attinentiis suis, libertatibus et iurisdictionibus altis et bassis, praesertim iurisdictionibus in vulgari *weichpilde*, landgerichte et ritterding nominatis.

Dass andererseits das Geltungsgebiet des Stadtrechts sich keineswegs mit dem Begriffe Weichbild deckte, zeigt das Beispiel von Freiberg, dessen Recht auch für die Grubenfelder in einem grossen Umkreise um die Stadt massgebend war, ohne dass diese zum Freiberger Weichbild gehört hätten. (39) Stadtrecht v. Freiberg: geschit ein urhap, daz sich lute werren . . . . . . in dem *wicbilde*, unde jagen sich denne uz dem *wicbilde* biz in daz lantgerichte — — —, die sal der lantrichter richten. ist ouch daz sich lute werren in dem lantgerichte unde kumen des in daz *wikbilde* — — —, daz sal der statrichter richten (39, 7, 8); swo ein man stirbet in deme *wicbilde* zu Vriberc, oder wo is ist inme lande uf alleme gebirge daz in di stat . . . . gehorit (1, 1); hat ein man eigen unde erbe in dem *wicbilde*, unde hat ouch eigen — unde erbe uzenwendic des *wicbildes*, daz doch in diz gerichte hort, alse hutten unde teil unde cremen (5, 25).

Anders war der Sprachgebrauch in schlesischen und lausitzischen Städten, die den Begriff Weichbild auch auf die Stadtdörfer ausdehnten. Vgl. Tschoppe u. Stenzel S. 217. — (40) Liegnitzer Urk. v. 1302, die Geheimhaltung der von Breslau empfangenen iura Magdeburgensia betreffend: non debemus nec possumus eadem . . iura dare nec vendere alicui civitati aliene et extranee, sed tantummodo . . . . nostris hominibus in nostro territorio constitutis quod vulgariter *wichbilde* (Tschoppe u. Stenzel 442 f.). — (41) Breslau-Glogauer Recht v. 1302, § 8: Wer burger zu Glogow ist und koufet dorfer, vorwerc adir gut, was gutis daz sie, in welcher wis daz gut genant si daz in der stat *wichbilde* und gebiet zu Glogow gelegen ist, daz gut sal in di stat . . . . gehoren und mit der stat schossen und mit rechte in der stat rechte ligen (ebd. 445).— (42) Urk. d. Stadt Sagan v. 1415: unde die andirn [dörfer] des saganischen *weichbildes*, di von der stat legen auswendig der meilen (Cod. dipl. Siles. 4, 303). — (43) Revers der Stadt Breslau v. 1636: wegen des halben im Namslauischen *weichbilde* gelegenen dorfes und gutes Nassadel (A. C. Bauer, Diss. de prorogatione investiturae, praes. J. Ludewig, 2. Aufl.,

Halae 1739, S. 6). — (44) Lehnsbrief des Kaisers Matthias v. 1615: das dorf und lehngut Lampersdorf in dem *weichbilde* Franckstein gelegen (ebd. S. 71). — (45) Palacky, Urkundl. Beitr. z. Gesch. Böhmens S. 419 (1466): unser liebe getrawen, die ganze landschaft im *weichbilde* zu Gorlitz. — (46) Ebd. S. 481 (1467): das die mane des *weichbildes* Budissen [Bautzen] gar widerspenig sein und neben den steten und andern landschaften nicht in das feld zihen wellen.

c. Besonders beachtenswerth sind solche Stellen, die neben einander Weichbild für Stadtrechts- oder Stadtgerichtsgebiet, Landrecht für Landrechts- oder Landgerichtsgebiet verwenden (vgl. A. 9. B. 38, 39). — (47) Breslau-Glogauer Recht v. 1302 § 1: ob sich lantlüte adir burger under en ander wunten — — —, und ap di landlute di beider site bussen *wichbildes* der stat in eime anderme rechte, adir binnen der stat *wichbilde* gesessen sin (Tschoppe u. Stenzel S. 444). — (48) RB. n. Dist. (Ortloff): zu deme gerichte sin froneboten in lantrechte, in *wichbilde* botel (III, 1, 3); daz ist in lantrechten unde in allen *wichbilden* (I, 25, 3). — (49) Dresdener Urk. 15. Jhs.: meins bruder weip ein dritteil an den gutern di in *wichbilde* vorstorbin, unde nicht an den die uzwennig *wichbildin* in andirn gerichten gelegin sind, haben sal. — — — an dem acker den her in lantrechte buzzen dem *wichbilde* zu Dresden gelegen had (Loersch u. Schröder' Nr. 335).

d. Aus der Bedeutung Weichbild = Stadtgebiet, Stadtgerichtsbezirk, erklärt sich dann auch die Verbindung „Weichbildrecht“ (vgl. 18).

(50) Sächs. Weichb.: Nemroth . . . . . . baute Babyloniam — — — und baute dorinne . . manch hoch wik-

haus, dovon es noch *wichbilde recht* heisset, und was dorinne binnen wonhaftig — — viel manche gute man, die nu koufleute heissen, und waren alle mit einem rechte begriffen, das hies *wichbilde recht* (6. Laband S. 53); ez ne pfleget nehein man sinem wibe zu geben morgengabe zu *wicbilde*, — — darumme zweiet sich da das lantrecht und das *wicbilde recht* (22. S. 66); kunic Otte der rote — — gab den tumheren kanonikenrecht und den statluiten *wichbilde recht* (42. S. 113). — (51) Ssp. I, 42 § 2 (Var. einer Berliner HS., bei Homeyer): In *wibbelde rechte* en mach nein kint eins andern vormunder sjin, it en sy achtein jar olt. — (52) Goslar. Stat. (Göschen) S. 10, 8—11: Beghift sik en — — in ene ordene, vorderet ene sin wif ut deme levende . . . . . ., sin lantrecht unde *wikbelderecht* heft he beholden. — (53) Hamburger Priv. v. 1258: ut infra prescriptos terminos iure utantur oppidano, quod *wikbeledhesrecht* vulgariter nuncupatur (Hasse, Schl. Holst. Urk. II, Nr. 169).

Sehr bemerkenswerth ist es, dass auch das Wort Weichbildrecht alsbald örtliche Bedeutung annimmt. (54) Dresdener Schöffenspr. c. 58 (Wass. S. 195): ein man ist gestorbin in *wigbildis recht*, der hat hinder im gelassen erbe und gut, die eins teils gelegin sint in *wigbildis rechte* und eins teils in landrechte. — (55) RB. n. Dist. I, 14, 1: in *wichbilde recht* ist nicht morgengabe.

C. Markt oder Stadt.

a. (1) Ostfriesische Urk. v. 1420: dat yck hebbe aver geven — — — dat slot tho Jever mit deme *wyckbelde*, geest, vryge tobehore in dorpe, velde und lande (Ehrentraut, Fries. Arch. 1, 127). — (2) Weistum v. Loen (Stadtlohn bei Koesfeld) v. 1363/1547, § 60: wie ein hoffmann wer geboeren und nicht gesetten up einen hoffguede, dan binnen einen vrigen *wigbolde* (Grimm III, 152). — (3) Stadtrecht v. Münster, vor 1221 (Westf. U.B. III Nr. 173) § 52: Qui annum habitaverat in *wicbilethe*, nullo eum in servitutem redigente, libertati debet addici. — (4) Privileg Konrads IV. v. 1242 für den Bischof von Minden (Weiland, Const. imper. II, S. 448): eidem concessimus potestatem constituendi duo oppida, quod vulgo *wichbelede* appellatur, ubicunque eadem in sua dioecesi duxerit construenda. — (5) Westf. U.B. III, Nr. 1507 (1295. Münsterland): sive in opido sive in villa que vulgariter *wicbolde* dicitur. — (6) Hamburger Stadtr. v. 1270 VII, 11 (Lappenberg S. 43): he schal tugen mit twen ratmannen, de binnen beslatenen *wicbelde* sittet. — (7) Stadtr. v. Stade v. 1279 (Grothaus) 5, 6: hevet he dusser stucke ein ghedan binnen besloteneme *wicbeldhe*. — (8) Magdeburg-Breslauer Recht v. 1261, § 53 (Laband S. 20): ob ein man den anderen gewundet in der vrien straze in einem *wichbilede*. § 74 (S. 25): so klaget her . . uber einen Heinriche, daz her ist komen binnen *wichbilde* in der vrien straze — — — — —, daz her ist komen binnen *wichbilde* in des keiseres straze, unde hebet den gotes vriede an ime gebrochen. — (9) Sächs. Weichb. 5, 1 (Laband S. 51): welcher hande recht hie bevorn die gemeinen lute under in selben sazten, das bestetegete der kunig . . . in iglichem *wicbilde*. 27, § 1 (S. 68): einen man, den man bestetigen wil binnen *wicbilde* von gerichtes halben. — — — ob er umbesezzen ist . . . . . ., daz er nehein eigen habe in dem *wicbilde* — —, so mus her burgen setzen. — (10) Haltaus 2052 (1377): ratzlute dez *wick-*

bildiz czu Belgern. — (11) Haltaus 2052: de rad unde inwoner unses *wikbeldes* to Scheppenstede. — (12) Cod. dipl. Brand. II, 2, S. 85 (1334): daz wir — — — verlihen — — daz hus, *wigbilde* und lant zu Jericho. — (13) Mekl. U.B. 13, 569 (1355): in der watermolen vor dem *wicbelde* tho Wesenberghe. 14, 421 (1359): unse lovede, ere und eide sole wi lesten in dem *wichbelde* vri unbekumbert in den husen, in den straten, in den hoven. 15, 199 (1362), Ratssatzung für das Wollenweberamt in Rostock: weret ok, dat ienich knape — — — in ein veltkloster ofte ienige clene stede edder *wicbelde* to denende toghe. 16, 35 (1368): in deme *wikbelde* to Marlowe. 9, 264 (1487): des *wickbeldes* unde stedekens thom Brule. 7, 221 (1324): unse hus und slot Luptze — — — mit deme *wikbelde*, anders geheten de wal, belegen vor disseme vorbenomeden slote. — (14) Lübisch. Stadtr. Cod. II, 61 (Hach S. 275): wert in den steden oder in den *wikbelden*, dar unse recht is, gevunden iemende en ordel. — (15) Gründungsurkunde für Dresden-Altstadt v. 1403 (Cod. dipl. Sax. II, 5, Nr. 117): wir den selbin unsern libin getruwin czu Alden Dresden burgerrecht gegebin und den fleg nu czu einem *wigbilde* uzgesaczt, getirmet und gemacht habin, in solchir masse, daz dasselbe Alden-Dresden fürbas mehr ewiglichen ein *wigbilde* heissen und bliben sal, darinne man kouffin und vorkouffin und allerleie kouffmanschatz und handelunge triben und uben sal und mag — — —, in allir masse als in andern unsern stetin und *wigbilden* gewonlich ist. — (16) Blume v. Magdeburg 2, 89 (Böhlau S. 103): vorsait man eime ein lant odir eine stat odir ein gerichte odir *wichbilde*, daz er vorwarlosit hab. — (17) RB. n. Dist. I, 5, 5: daz bewiset si wol mit der kuntschaft, di ime *wichbilde* unde gerichte gesessen sint. I, 25, 2: fure ein gast in *wichbilde* unde gewunne burgerrecht. III, 1, 2: es ist wol in etlichen landen und *wicpilden* ein ersaczte gewonheit und recht, daz man erbeschepphen hat. V, 4, 2: wo ein wer liet . . . . . . an eime molgraben — —, daz wer . . . . . . sullen si mit enander halden in glicher kost und erbeit, unde man sal on nicht gestaten die wer under sich zcu teilen, wen is brenget schaden den dorffern unde *wichbilden*. — (18) Dresdener Schöffenspr. c. 180 (Wass. S. 328): Nu sint zwene unvorsprochin . . manne miteburger des *wigbildis* zu Pirne. — (19) Privileg f. Lobamünde v. 1357: dasz wir — — hebben laszen schrieben dieszen briff dem *wichbilde* Lebemunde genandt und dem schultheisen doselbst, bi so thaner underscheit, — — — das disselbige *wichbilde* sall beholden 16 hove und sall haben lubesch recht (Cramer, Gesch. der Lande Lauenburg und Bütow II, Nr. 1, S. 262). — (20) Priv. f. Narwa v. 1374: so geve wi deme *wikbelde* to der Narwe to ener meinen vedrift und meinheit alle den acker. — — ok dat des *wikbildes* voget nen richte sal sitten, de vaget des huses der Narwe en si dar mede — —, unde de helfte van allen broken sal oppet hus tor N., de ander helfte sal dem *wicbilde* (Bunge, U.B. III, 290, Nr. 1097). Privileg für Narwa v. 1345 (Bunge, U.B. Nr. 834), unter Bewidmung der Stadt mit dem Rechte von Reval: dat wi unsere leven *wicbildere* van der Narwe [lat. Text: oppidanos nostros Narvienses] mit der sulven *wicbeldes* veltmarke [una cum terminis eiusdem oppidi] — — nemen under unses vredes beschuttinge. Die Bezeichnung der Bürger als wicbilder findet sich auch bei Meinardus, U.B. v. Hameln Nr. 572 v. J. 1369 (eines *wicbelders* to Hamelen). — (21) Livländ.

Reimchronik (14. Jh.), her. v. Leo Meyer, Vers 6528ff.: dô ich quam in Letten lant vor ein *wîchbilde* mâȝen grôȝ, und mir daȝ niemant ûf slôȝ.

b. (22) Die von Schiller und Lübben 5, 710 angeführten Belege, aus denen hervorgehen soll, dass das Wort Weichbild eine Befestigung bedeutet habe, sind sämmtlich in dem Sinne von Stadt oder Burgflecken zu verstehen, die zwar in der Regel, aber keineswegs immer befestigt waren. Vgl. a. a. O. die Mittheilung aus Hermann Korners Chronik: bi desses bischuppes tid wart Bremen erst umme ghemuret. vor was id en *wicbelde* ghewest.

c. Dass man sich unter Weichbild vorzugsweise kleinere Gemeinwesen städtischen Charakters dachte, ergiebt sich (23) aus einer Beschwerdeschrift des Hildesheimer Rathes v. 1440 (UB. v. Hildesheim IV, S. 300): wente sek . . dat volk vorsammet mit einander to wonende, dar in dat erste dorpschup mede begreppen werden, van den dorpschuppen *wikbelde* werden gemaket unde van den *wikbelden*, in dem alse sek dat volk vormeret mit uthbredinge der buwe, stede werden begreppen unde gestichtet.

(24) Besonders beachtenswerth sind die Nachrichten über die Stadt Braunschweig, da diese aus der Verbindung von fünf ehedem selbständigen Weichbilden hervorgegangen war, die auch nach ihrer Vereinigung eine gewisse kommunale Selbständigkeit mit eigenen Bürgermeistern, Räthen, Rathhäusern und Märkten behauptet hatten. Ottonisches Stadtr. v. 1227, § 15 (UB. d. St. Br. 1, 5): swelich man deme anderen sculdich is, und begeit he ene binnen deme *wicbilde*. Femgerichtsordnung, 14. Jahrh. (ebd. 1, 28): dat desse herren . . . . . dat ok bringen mosten iu der oversten enen eder twene ute dem Hagen, ute der Nienstad unde

ute den anderen *wicbelden*. — — — — so sendet men de burmestere umme in de *wicbelde*. — — — wat malkeme *wicbelde* van duve witlik si, dat bringet se an de vemenoten. Rathssatzungen § 144 (1, 75): wanne en rochte werd des nachtes, so scal iowelk *wicbelde* . . . . . . mit oren wapenen up eren market komen. § 145 (1, 75): wanne we . . to velde tôghen, so scolde iowelk *wicbelde* under siner bauner bliven. Amtseide v. 1402 (1, 96): dit sweret io . . . . in ver *wicbilden*, alze in der Oldenstad, in dem Hagen, in der Nyenstad unde in dem Zacke. Ordinarius v. 1408 § 1 (1, 149): is ein ghewonheit, dat de ghemeine rad ut allen *wikbelden* tohope gan up dat radhus in der Nigenstad — — unde raden darup, ein *wikbelde* mit dem anderen, — — — — unde setten dat denne eindrechtliken na rade aller viff *wikbelde*. § 2 (1, 149): so geit ein iowelk rad in sin *wikbelde* unde let luden mit den klocken . . . ., up dat de lüde kommen vor dat radhus.

D. Die städtische Erbleihe.

(1) Erhard, Cod. dipl. Westf. II. Nr. 394 (1178): Verleihung eines in der Stadt Münster gelegenen Grundstückes in der Weise, ut annuatim villico nostro 5 denarios et obulum inde persolvant, iure civili quod *wicbilethe* dicitur habenda. — (2) Lüb. UB. I, Nr. 6 (1183): areas quasdam in prefata civitate — — —, quas nos ad persolvendum tributum quotannis in manus eas colentium civili vel forensi iure, quod *wigbeledhe* dicitur, collocavimus. — (3) Westf. UB. III, Nr. 282 (1231): Verleihung bisheriger Lehngüter eo iure . . possidenda quod in vulgo *wicbilethe* appellatur. — (4) Ebd. III, Nr. 492 (1248): iure quod vulgariter dicitur *wicbileth* conducere [Lippstadt]. — (5) Ebd. III, Nr. 532

(1251): eo iure quod *wigbilithe* vulgariter dicitur locet et exponat sub annua pensione [Beckum]. — (6) Seibertz, UB. Nr. 287 (1254): considerantes, quod nobis . . . . foret . . . . utilius — — ad supradicta iugera [bisher „in pheodo“ besessen] ius huius modi permutare, ipsa . . . . . . iugera — — iure contulimus civitatis Susaciensis, quod in vulgari *wichbilde* appellatur, ita . . quod — — solvant . . . . 12 denarios annuatim . . . . . . et sint per omnia liberi ab omni iure nec tenebuntur ad illud ius quod herwede nuncupatur. — (7) Meklenb. UB. 1, 609 (1250-58): domus quedam — — porrecta est . . hoc iure quod *wicbeldich* appellatur. — (8) Ebd. 4, 208 (1259): secundum ius *wicbelde* duarum marcarum redditus [Rostock]. — (9) Lucht, Kieler Stadtb. (1246—89) S. 15, 6: si deus plagaverit . . domum, locari debet area secundum iura quod dicitur *wigbileth*. S. 62, 35: dimidiam domum et predium vendidit . . . . . . secundum iura, quod dicitur *wicbele*, annuatim pro marca denariorum. — (10) West. UB. IV, Nr. 1645 (1281): feodalia sive officialia bona ad ius commune quod *wichbilde* dicitur non redient, set item dominus noster [der Bischof] ius suum in ipsis libere poterit exercere [Paderborn]. — (11) Ebd. IV, Nr. 1646 (1281): curiam nostram . . . . . . in Wartberg sitam — — — civibus Wartbergensibus — — sub iuris expressione quod dicitur *wicbilde* vendidimus [Warburg]. — (12) Ebd. IV, Nr. 1668 (1282): medietatem domus sue lapidee iure quod vulgo *wicbeledhe* dicitur possidendam [Paderborn]. — (13) Ebd. III, Nr. 1273 (1285): agros — — qui funguntur iure opidi Telgeth quod dicitur *wicbelede*, solventes 18 scepel siliginis [Telgte]. — (14) Ebd. IV, Nr. 2101 (1290): Verkauf ad ius illud quod *wicbilede* vulgariter appellatur [Warburg]. — (15) Ebd. III,

Nr. 1416 (1290): agros nostros — — — qui siti sunt infra terminos civitatis W. scilicet sub iure *wicboledhe* [Warendorf]. — (16) Stüve, Gesch. v. Osnabr. 2, 222 (1281): tres areas et domos — — Hermanno — — pleno iure quod vulgo *wicbele* dicitur contulimus. Ebd. 1, 287 (1286): domum et aream — — pro communi iure civitatis quod vulgo *wicbele* dicitur — — vendidit [Osnabrück]. — (17) Wigand, Archiv III, 2, S. 32 (1310): emens domum dabit domino nostro 12 denarios, ut iudex conferat domum ad ius quod vocatur *wicbilede* [Büren]. — (18) Lüb. Stadtr. Cod. 2, 41 (Hach S. 266): wert . . eneme manne en hus oder en wort van erve van siner vrunde dodhe unde doit dat hus of de wort to *wicbelde*. (19) Bremer Stadtr. v. 1433, ord. 14 (Ölrichs 2, 508): so we koft rente in eneme erve dat in *wicbelde* leghen is. — (20) Braunschw. Stadtr. v. 1402, § 213 (U.B. S. 118): alle gardon edder worde de to *wicbelde* licghet. — (21) Lübecker Oberstadtbuch (Pauli, Abb. IV, U.B.), Nr. 15 (1285): acceperunt ad *wicbelde* domum — — et dabunt de ipsa domo annuatim 5 marc. den. Nr. 28 (1286): accepit — — duas areas ad *wicbelde* — —, de quibus dabit ei 2 marc. denar. *wicbeldes* annuatim, reemendas secundum statutum civitatis.—(22)Schreiben des Braunschweiger Rathes von 1597 (Halt. 2052): wegen der unbeweglichen güter, so in unser ringmaur oder unser landwehre zu *weichbilde* gelegen. — (23) Anfrage von Elbing bei Lübeck (um 1260): si quispiam habet hereditatem alterius eo iure quod dicitur *wichbilderecht*, si statuto tempore non dederit censum suum, si ille, cuius hereditas est, ... de ipso querimoniam moverit, que sit pena compositionis? (Cod. Warm. I, Nr. 119).

E. Städtische Grundstücke, besonders Zinseigen und städtische Erbleihe.

(1) Cod. dipl. Sax. II, 8 Nr. 3 (1216): eorum, quae *wikbilde* contingunt, nullus iudicabit praeter advocatum et schulthetum [Leipzig]. — (2) Stadtr. v. Münster, vor 1221 (Westf. UB. III, Nr. 173): Quicunque prior conqueritur de debitis super [Var. in] *wicbelde*, ipsi primitus iudicabitur et postea aliis, quamdiu sunt ibi res (§ 42 [43]); posterior compellit priorem iudicio, ut accipiat debitum suum de *wicbilethe* infra 14 dies, deinde aliis iudicabitur (§ 43 [44]); si quis . . . . . . debet ostendere res, de quibus debitor suus ei possit solvere, non licet ei ostendere super vestes suas et . . . . . . eius suppellectilem, si habet *wicbelethe* vel alias res (§ 44 [45]); quicunque suum *wicbilede* possidet annum quiete etc. (§ 45 [46]); si quis alterius *wicbilethe* occupaverit iniuste etc. (§ 46 [47]). — (3) Bremer U.B. 1, 271 (1246): super possessionibus que *wichbelede* non sunt. — (4) Mühlhäuser Stadtr. v. 1230—50, U.B. v. Mühlhausen S. 619: inhan su nichein *wipbildi*, so sulen su gwis mache mi richteri, di eni sinir clage unde di andiri sinir widerrede. — (5) Westf. U.B. III, Nr. 564 (1254): sicut de aliis domibus nostre civitatis qui *wicbilethe* vulgariter dicte sunt [Coesfeld]. — (6) Brem. U.B. I, S. 339 f. (1259): ein erve ofte *wickbolde*. Ebd. I, Nr. 498 (1294): hereditatem que *wicbelede* vocatur ultra Balgam in civitate. Brem. Stadtr. v. 1433, ord. 5 (Ölrichs 2, 504): umme erve dat *wicbelde* si. Vgl. ebd. ord. 47 (S. 522), 48 f. (S. 523), 70 (S. 533). Stadtr. v. 1303, ord. 43 (Ölrichs 1, 93): *wicbiledhe*. ord. 17 (S. 74): so welic borghere sculdich is enem borghere . . . . . . binnen Bremen, the mach eme setten en pant

. . . . . . that men vlotten ufte voren mach . ne hadde he oc the pande nicht, so mach he eme setten *wichbelethe*. Vgl. ord. 19 (S. 75), 23 f. (S. 78). Satzung v. 1407 (Ölrichs 1, 83): dat ein iewelic borgher : . . ., de binnen Bremen wonen wel, wonen schal uppe *wicbelde* binnen unser stad. — — — Ock en schal nen borgher . . . . vorhuren, vortinsen edder anders laten *wicbelde* gheestliken luden. Brem. UB. II, Nr. 75 (1307): domum et aream — —, que olim dos ecclesie reputabantur, de cetero *iuri oppidali* obnoxias — — obtinebunt, et capitulum — — domum et aream — —, que antea *wichbeldhe* fuerunt, pro dote perpetua — — obtinebunt. Brem. Urk. v. 1413 (Brem.-Niedersächs. WB. 6, 411): dat hus is *wickbeldisch* unde nicht geistlick. — (7) Westf. U.B. III, Nr. 1353 (1288): aream quandam inter mansionem suam et stratam publicam sitam, que quidem area vulgari nuncupatione *wicbelede* solet dici [Münster]. — (8) Seibertz, U.B. Nr. 434 (1290): immobilium que infra oppidum Brylon sunt sita, tam in domibus quam in areis que *wigbelde* volgariter nuncupantur. — — — quicunque noster burgensis bona vel agros emerit que dicuntur *wigbelde*. — (9) Lucht, Kieler Stadtbuch S. 17, 11: recognosco Hecconem . . . . habere 20 marcas denariorum . . . . in meo *wicbele*. — (10) Schaten, Annales Paderborn. 2, 102 (1280): bona oppidanorum, quae *wicbilde* dicuntur, sicut hactenus habuerunt infra oppidum et extra. — (11) Mecklenburg. U.B. 9, 649 (1345), Verkauf eines Zinses upthoborende an deme *wicbelde* tho Cropelyn alle jar up sunte Mertyns daghe. — (12) Meierdingsbuch des Dorfes Münstedt (südl. Peine) v. 1621 (Staatsarchiv in Hannover): actum auffm *wickbilde* zu Munstidt den 8. Febr. anno . . . . 1621. — — — diese obgemeldte personen haben sich auff das *wichbilde* begeben, dafur der heren willen gemacht, und sollen jahrliches ein *wichbildeshoen* geben. In den beiden zuletzt genannten Urkunden (11, 12) ist der ganze Inbegriff der zinspflichtigen Weichbildgüter zusammengefasst.

F. Der von den Weichbildgütern zu zahlende Wortzins, dann überhaupt Rente von städtischen Grundstücken.

(1) Lübeck. Stadtr. Cod. 2, 41 (Hach S. 266): unde doit dat hus of de wort to *wikbelde* [gibt er Haus oder Wort zu Erbleihe], dat *wicbelde* [Var. dat gelt] ne mach he nicht vorkopen, he ne legge dat gheld vort an andere rente. — 2, 122 (S. 308): godes husen ne schal neman *wicbelde* an sime erve gheven oder vorcopen. — 2, 218 (S. 361): en man dhe *wichbelde* ofte wortins gift van sime erve. — 2, 124 (S. 309): koft ieman *wicbelde ghot*, weder to kopende [d. h. Rentenkauf mit Vorbehalt des Lösungsrechtes für den Verkäufer], dat *wicbelde* mach he gheven, setten unde sellen unde . . . . . . dar mede don liker wis also mit copschatte ghude. Nachdem der Rath die gesetzliche Ablösbarkeit aller jüngeren Renten eingeführt hatte, unterschied man in Lübeck zwischen Weichbildern älteren und neueren Rechts. Vgl. Pauli, Abh. 4, 24. Oberstadtbuch (Pauli) Nr. 53 (1290): habent in domo Johannis — — 8 solidos antiqui *wicbeldes* et 4 solidos novi *wicbeldes*, quod novum *wicbelde* potest reemi pro tribus marc. den., vetus autem stabit secundum iustitiam civitatis. Nr. 138 (1305): Johannes Rufus emit . . . . . . domum quandum — — —. dabit autem inde — — 7 sol. antiqui *wicbeldes* seu wordtinses et 13 sol. novi *wicbeldes*, quos 13 sol.

8*

reemere potest pro 13 marc. den. — (2) Westf. UB. IV, Nr. 2341 (1295): unam marcam denariorum, quam habebat in bonis H. . . . perpetua pensione que vulgariter *vicbilde* dicuntur (Herford). — (3) Ebd. III, Nr. 1659 (1299): unum molt siliginis annis singulis quod vulgariter *wicbilde* dicitur (Telgte). — (4) Mekl. UB. 4, 96 Nr. 2545 (1299: de 12 marcis denariorum *wicbeldes.* — (5) Lübecker Oberstadtbuch (Rehme) Nr. 272 v. 1449 (S. 353): optinet in boda — — — tres marcas denariorum *wicbeldes* annuatim. — (6) Ebd. Nr. 281 v. 1455 (S. 355): *wikbeldesrenthe.* Ebenso Nr. 334 v. 1527 (S. 371). Nr. 315 v. 1497 (S. 365), Nr. 341 v. 1528 (S. 374), Nr. 349 v. 1541 (S. 377), Nr. 392 v. 1615 (S. 392). — (7) Ebd. Nr. 342 v. 1529 (S. 375): *wickboldenrenten.* Nr. 417 v. 1677 (S. 400): *wiboldsrenten.* Nr. 428 v. 1795 (S. 405): *wieboldsrente.* Letztere Form kehrt noch in einer Lübecker Verordnung v. 1848 (Pauli S. 126) wieder.

G. Ganz alleinstehend Weichbild = Bisthum in einer Urkunde des Bischofs Johann v. Meissen v. 1432 (Haltaus 2053): der pfarrkirchen zu Luckau in unsern *weichbilde.*

IV. Wortverbindungen.

A. Weichbildbuch (Stadtrechtsbuch). Vgl. RB. n. Dist., Vorrede (Ortloff S. 15); I, 5, 10 (S. 347).

B. Weichbildgeld (Wortzins, Rente).

C. Weichbildgericht (vgl. Haltaus 2053).

D. Weichbildgut (städtische Grundstücke, in Westfalen und Niedersachsen besonders Grundbesitz zu städtischem Erbleiherecht). Vgl. Urk. f. Ootmarssum v. 1325 (a. a. O. S. 5): *wigbolde goeth.* Frensdorff, Dortmund. Stat. S. 174: *wibbendes gut.*

E. **Weichbildhuhn** (III. E. 12).

F. **Weichbildland.**

G. **Weichbildsleute, Weichbilder.** Vgl. III. C. 20. Stadtpriv. f. Schüttorf v. 1296: homines dicti in vulgo *wicbeledeslude* (Jungius, Hist. Benth., UB. S. 97).

H. **Weichbildrecht,** nicht vor 1239 bezeugt, meistens im Sinne von Stadtrecht (vgl. S. 104f.), zumal häufig konkret für das Magdeburger Stadtrecht oder das Sächsische Weichbild (vgl. Behrend, Magdeb. Fragen S. 291f.), in westfälischen und niedersächsischen Quellen häufig auch für das städtische Erbleiherecht verwendet. Die Ableitung aus Weichbild = Stadt (III. C) tritt noch in der Gründungsurkunde für Gröningen (Altmark) v. 1371 scharf hervor: dat we — — Gröninge — — hebbet to einem *wikbilde* gemaket und geven allen denen de darinne wonen — — *wigbildesrecht*, unde er recht schullen se syken bi dem *wikbilde* to Halverstadt (UB. d. Hochst. Halberst. 4, Nr. 2800).

J. **Weichbildrente** (III. F. 6. 7).

K. **Weichbildzeichen,** d. h. Marktfahne oder ein anderes Marktzeichen. Vgl. Haltaus 2056.

V. Synonyma.

A. Als gleichbedeutend mit Weichbild begegnet *markt* (forum) und *marktrecht* (ius fori, ius forense), insbesondere auch in der örtlichen Bedeutung (vgl. Haltaus 1327, Lindauer Urk. v. 1342: „gut, das in ir — — stadt *margtrecht* gelegen ist“; Stat. v. Liechtensteig, um 1400: „welcher gast — — busswirdig wurd ze Liechtensteig in *marktrecht*“), sowie als Bezeichnung für die städtische Erbleihe und

Rente (vgl. Rietschel, Markt und Stadt 175 f). Sächs. Weichb. 1 § 2 (Laband S. 50) scheint *marketrecht* geradezu für *wicbilderecht* zu stehen.

B. Als Bezeichnung für städtische Erbleihe und Renten begegnet überaus häufig, namentlich in süddeutschen Quellen, *burgrecht*, das insoweit als gleichbedeutend mit Weichbild erscheint; auch Verwendungen des Wortes in örtlicher Bedeutung kommen vor. Im Uebrigen sind beide Wörter, wenn auch häufig in der Bedeutung zusammenfallend, prinzipiell aus einander zu halten.

C. Dasselbe gilt von *statrecht*, das sich immer nur auf Städte bezieht, während „Weichbild“ auch von blossen Märkten gebraucht wird.

VI. Worterklärung.

Während Justus Möser noch im 18. Jh. *weichbild* wiederholt für Flecken und kleinere Städte verwendet (vgl. Patr. Phantas. 1, 196f. 237), kennen die Wörterbücher seiner Zeit das Wort im Wesentlichen nur noch in der bis heute festgehaltenen Bedeutung „Stadtgebiet“ und bezeichnen seine Verwendung für Stadt und Stadtrecht als veraltet oder nur noch im Kanzlei- und Urkundenstil vorkommend. In Lübeck haben sich die „Wieboldsrenten“ noch im Sprachgebrauch des 19. Jahrhunderts erhalten (III. F. 7). Die Worterklärung kann nur von der Bedeutung III. A (Weichbild = Marktrecht, Stadtrecht) ausgehen, die nicht blos als die älteste bezeugt ist, sondern auch die Bedeutungswandlungen (III. B—F) am ungezwungensten erklärt. Die scheinbar pleonastische Verbindung „Weichbildrecht“ (seit 1239) kommt erst auf, als Weichbild =

Stadtrecht seltener wird und die örtliche Bedeutung des Wortes die Vorherrschaft erlangt hat. Aelter ist die Verwendung des Wortes zur Bezeichnung der städtischen Erbleihe (seit 1178), sie kommt aber fast nur im Bereiche des lübischen und westfälischen Rechts vor und ist dem Magdeburger Rechtskreise und den obersächsischen Quellen stets fremd geblieben, muss also auf jüngerer Fortbildung beruhen.

Das Wort ist erst aus dem Niederdeutschen in das Mitteldeutsche eingedrungen. Leipzig (III. A. 1) hat es noch in der niederdeutschen Form von Magdeburg und Halle übernommen. Der erste Theil des Wortes ist das im sächsischen, angelsächsischen und friesischen Sprachgebiet weitverbreitete *wîk*, verwandt mit got. *veihs* und lat. *vicus*, wahrscheinlich durch Anlehnung an das letztere von der Aspirata zur Tenuis übergegangen. Die Grundbedeutung von „Weichbild" muss demnach „Ortsrecht" gewesen sein; da aber nur Märkte und Städte ein eigenthümliches Ortsrecht besassen, so fiel der Begriff mit Markt- und Stadtrecht zusammen. Damit ist die Erklärung des zweiten Theils aus Bild = signum (unter Bezugnahme auf die Markt- und Stadtkreuze oder auf Grenzkreuze und Heiligenbilder an den Stadtgrenzen) ausgeschlossen. Aus mnd. *bildelik* (dazu bildeliken, bildich, bildelicheit) und mhd. *billich* (dazu billîch m., billîche f., billîchen v.) sowie mhd. *unbilde* n. (dazu unbilden v.) ergiebt sich ein Bild = Recht, wobei entweder von einem ahd. *bilida (vgl. Kluge) oder wahrscheinlich von unserm Bild = imago (alts. *bilithi*, fries. *bilethe*, ahd. *bilidi*), das schon früh im Sinne von Vorbild, Gemässheit vorkommt, auszugehen ist.

VII. Literatur.

Wigand, Geschichte der Abtei Corvey 1, 227 f. Gaupp, Städtegründung, Stadtverfassung u. Weichbild, 1824. Keutgen, Ursprung der deutschen Stadtverfassung 77 ff., 165 ff. Rietschel, Markt u. Stadt 183 ff. Sello, i. d. Forsch. z. brand. u. preuss. Geschichte 3, 409. v. Amira, Grundriss des german. Rechts[2] S. 7, 75 f. Kluge, WB., u. billig, Unbill, Weichbild. Frensdorff, Stadt- u. Gerichtsverfassung v. Lübeck 12 f. Schröder, Marktkreuz u. Rolandsbild (Festschrift für Weinhold, 1896) S. 131; Deutsche Rechtsgeschichte[4] 677. Hegel, Entstehung des deutschen Städtewesens 138 ff. Uhlirz, Mitteil. d. Inst. f. öst. Gesch. 15, 509 f. Eickhoff, Korresp.-Bl. d. Ver. f. niederd. Sprachforschung 18, 38 f.

Stobbe, Geschichte der deutschen Rechtsquellen 1, 483 ff.; Zeitschr. f. deutsch. Recht 19, 183 ff. Pauli, Die Wieboldsrenten des Lübischen Rechts, 1865 (Abh. a. d. Lüb. Rechte IV). Gengler, Stadtrechtsalterthümer 356 f. Albrecht, Gewere 174. Möser' Osnabr. Geschichte I, 1, § 40, Anm. e.

Eichhorn, Staats- u. RG.[5] 2, 77 f., 324 ff.; Zeitschr. f. gesch. RW. 1, 224. Haltaus, Glossarium 2050 ff. v. Richthofen, Altfries. WB. 1149. Weigand, DWB. 2, 1036. Lexer, Mittelhd. WB. 3, 816. Hildebrand, bei Grimm, DWB. 5, 2180. Schröder, Weichbild (Histor. Aufsätze, dem Andenken an Waitz gewidmet, 1886) S. 316 ff.; Rolandssäulen (bei Béringuier, Die Rolande Deutschlands, 1890) S. 3 f. Sohm, Entstehung des Städtewesens 26. Varges, Zeitschr. f. Gesch.-Wiss. 6, 86; Jahrb. f. Nat.-Oek. u. Stat. 58, 670 ff., 61, 190 f.

Philippi, Weichbild, 1896 (Hansische Gesch.-Bl. 23). Lenfers, Grundzüge des Wikbiletrechts des Oberstifts Münster, Coesfelder Programm, 1883.

Grimm, D. Grammatik 2, 641 (632). Riccius, Entwurf von Stadtgesetzen, 1740, S. 15 ff.

Zur weiteren Veranschaulichung fügen wir noch einige Wörterreihen, wie sie sich aus dem bisher gesammelten Material ergeben, bei:

allmende, allmenden, allmender, allmendgasse, allmendgewälde, allmendholz, allmendschütze, allmendsey, allmendstein, allmendstock, allmendvogt, allmendwald, allmendwasser, allmendweg, allmendzaun, allod, allodial, allodialgut, alltag, alm, alme, almosen, almosenamt, almosenbaumeister, almosenbüchse, almosenhäuslein, almosenherr, almosenier, almosenierscip, almosenkasten, almosenpfleger, almosenpfründe, almosenregister, almosensteuer, almusskiste, almweg, alp, alpengeld, alpenrecht, alpgenosse, alpgenossengemeinde, alpfahrt, alpvogt, alpzins, alpzinsenrecht, alsaccia, alstede, alt, altammann, altammeister, altar, altarherr, altarhörig, altariste, altarlehen, altarleute, altarpfründe, altbecher, altbürgermeister, alte, alteigen, alten, alter, älterahn, alterbe, alterbeland, älterbruder, ältere, ältereltern, alterleute, altermann, altermannschaft, altermeister, ältermutter, älterohm,ältervater, ältest, älteste, ältestenhufe, ältestentum, altgewänder, altgewandler, althergebracht, altherkommen, altherre, althubig, altknecht, altlandrichter, altmässig, altmeister, altmutter, altobristmeister, altratsherr, altsasse, altschultheiss, altstättmeister, altvater, altväterlich, altvil, altvordern, altfrau, alware, alwoonst, alweldig, alwin.

burg, burgbann, burgbehüter, burgbote, burgbrech, burgbrief, burgbürger, burgdie, burgdienst, burgding, bürge, bürgel, bürgelschaft, burgelt, burgemeister, bürgen, bürgenhand, bürgenrecht, burgensis, bürger, bürgeramt, bürgerbuch, bürgerbürde, bürgerbüttel, bürgerding, bürgerei, bürgererbe, bürgergeld, bürgergemeinde, bürgergenoss, bürgergericht, bürgergeschlecht, bürgerglocke, bürgergut, bürgerhauptmann, bürgerhaus, bürgerhof, bürgerin, bürgerisch, bürgerische, bürgerkind, bürgerknecht, bürgerland, bürgerlehen, bürgerlich, bürgermeister, bürgermeisteramt, bürgerfreiheit, bürgerfriede, bürgermeisterbuch, bürgermeisterschaft, bürgermeisterfrage, bürgermeisterstand, bürgern, bürgernahrung, bürgernutzen, bürgerpfennig, bürgerpflicht, bürgerrecht, bürgerrechteid, bürgerrechtgeld, bürgerreite, bürgerschaft, bürgerschranne, bürgerskind, bürgersohn, bürgersprache, bürgersteuer, bürgerstube, bürgertag, bürgerturm, bürgerwasser, bürgerwerk, bürgerziel', bürgezucht, bürgezug, burgfeld, burgfeste, burgfestdienste, burgfrau, burgfreiheit, burgfriede, burgfriedlich, burgfriedsäule, burggarbe, burggebiet, burggeding, burggenosse, burggericht, burggesäss, burggesessen, burggesinde, burggesuch, burggetreide, burggraben, burggraf, burggrafenamt, burggrafentum, burggräfin, burggrafschaft, burggut, burggutsbrief, burghalde, burgherr, burghof, burghut, burgknecht, burgkönig, burgküre, burglehen, burglehenfriede, burglehenrecht, burglehenschaft, burgleute, burglich, burgmann, burgmannschaft, burgmannsgut, burgmass, burgmaut, burgmeister, burgmeisterlehen, burgmühle, burgpfleger, burgpflicht, burgrecht, burgrechtacker, burgrechtgeld, burgring, burgsass, burgsatz, burgschaft, bürgschaft, bürgschaftbrief, bürgschaftsweise, burgscheffel, burgschilling, burgsess, burgsiedel, burgstadel, burgstall, burgstatt, burgstrasse, burgthor, burgvogt, burgwall, burgwart, burgweg, burgwehr, burgweizen, burgwerk, burgzehnte.

schu, schub, schubamt, schubbrief, schubführer, schubgericht, schübling, schubschreiber, schubzeit, schuddegalgen, schuft, schuffelendreger, schuh, schuhamt, schuhbank, schuhbude, schuhdieb, schuhgeld, schuhgilde, schuhhaus, schuhig, schuhkauf, schuhknecht, schuhkram, schuhladen, schuhmacheramt, schuhmachergaffel, schuhmachergilde, schuhmacherzunft, schuhmarkt, schuhmass, schuhmeister, schuhpfennig, schuhschacht, schuhwerk, schûl, schulamt, schulbann, schulbedienter, schuldanforderung, schuldanweisung, schuldbar, schuldbekenntniss, schuldbeklagung, schuldbezahler, schuldbezahlung, schuldbote, schuldbrief, schuldbuch, schuldbürge, schuldbusse, schulde, schuldeinforderung, schuldeintreiber, schuldeinung, schulden, schuldenabledigungswerk, schuldenbote, schuldenbuch, schuldenfrei, schuldengericht, schuldenklage, schuldenlast, schuldenleugner, schuldenmahner, schuldenmann, schuldenote, schuldenrest, schuldenruf, schuldenzins, schulder, schuldes, schuldforderer, schuldforderung, schuldfranken, schuldfrei, schuldgeber, schuldgebühr, schuldgebung, schuldgefängniss, schuldgeld, schuldgenosse, schuldgericht, schuldgläubiger, schuldhaft, schuldhaftig, schuldhalb, schuldherr, schuldienst, schuldig, schuldige, schuldigen, schuldiger, schuldigerin, schuldigkeit, schuldigung, schuldknabe, schuldkorn, schuldledig, schuldleugner, schuldleute, schuldlos, schuldmahner, schuldmann, schuldmütte, schuldner, schuldnerin, schuldpflicht, schuldpflichtig, schuldpost, schuldrecht, schuldregister, schuldsache, schuldschatz, schuldschwein, schuldstand, schuldstreitsache, schuldsumme, schuldturm, schuldung, schuldverschreibung, schuldvogt, schuldwein, schuldweise, schuldwesen, schuldzettel, schuldziel, schule, schüler, schülermeister, schulgeld, schulherr, schulklopfer, schullehen, schullehre, schullehrung, schullinge, schulmeister, schulpfaffe, schulrecht, schulter, schulterpfennig, schulterrecht, schulterzins, schultgemare, schultheischer, schultheiss.

Druck von Georg Reimer in Berlin.

FSC
www.fsc.org
MIX
Papier | Fördert gute Waldnutzung
FSC® C083411

Kolibri 360 GmbH
Ferdinand-Jühlke-Straße 7
99095 Erfurt, Deutschland
produktsicherheit@kolibri360.de